HENNA-TATTOOS

Die Informationen und Anleitungen in diesem Buch sind von Autorin und Verlag nach bestem Wissen und Gewissen erwogen und geprüft. Autorin und Verlag übernehmen keinerlei Haftung für etwaige Personen- oder Sachschäden, die sich aus dem Gebrauch oder Mißbrauch der in diesem Buch aufgeführten Anleitungen ergeben.

Die Deutsche Bibliothek – CIP-Einheitsaufnahme

Mirza, Zaynab:
Henna-Tattoos: die schönsten Muster und Anleitungen / Zaynab Mirza.
Aus dem Engl. von Sabine Lorenz und Felix Seewöster. – Köln: vgs, 1998
Einheitssacht.: Mehndi body painting <dt.>
ISBN 3-8025-1376-2

Titel der englischen Originalausgabe: Mehndi. Body Painting.
Learn the traditional art of henna body decoration
© Carlton Books Limited, London 1998
Original Mehndi-Muster © Zaynab Mirza 1998

UMSCHLAGFOTO: Susanna Price (AUSSTATTUNG: Benzer, SCHMUCK: Kyles Collection)
UMSCHLAGGESTALTUNG: CCG Werbeagentur, Köln
REDAKTION: Martina Weihe-Reckewitz
PRODUKTION: Ilse Rader
SATZ: Greiner & Reichel, Köln
ISBN 3-8025-1376-2

Besuchen Sie unsere Homepage im WWW: http://www.vgs.de

Zaynab Mirza

HENNA-
TATTOOS

Die schönsten Muster und Anleitungen

Aus dem Englischen
von Sabine·Lorenz und Felix Seewöster

ÜBER DIE AUTORIN

Zaynab Mirza ist ausgebildete Schönheitstherapeutin und Visagistin. Als Expertin für östliche wie westliche Schönheitstechniken hat sie sich auf Make-up und Henna-Tattoos für Bräute spezialisiert und reist durch Großbritannien und Europa, um Frauen auf ihren großen Tag vorzubereiten. Zaynab Mirza führt in London ein Schönheitsinstitut und bietet Kurse für westliche wie östliche Schönheitspflege an, außerdem führt sie Anfänger in die Kunst des Body-Paintings mit Henna ein. In Fernseh- und Rundfunksendungen tritt Zaynab Mirza häufig als Make-up- und Modeberaterin auf, zudem hat sie eine regelmäßige Kolumne in diversen asiatischen Wochenmagazinen und Zeitungen.

„Henna-Tattoos" ist ihr erstes Buch.

WICHTIGER HINWEIS

HENNA IST NUR FÜR DEN ÄUSSERLICHEN GEBRAUCH BESTIMMT.

WARNUNG

Vermeiden Sie jeden Kontakt mit den Augen. Sollten Sie aber doch einmal Hennapaste in die Augen bekommen, waschen Sie diese sofort mit kaltem Wasser aus oder nehmen Sie eine Augenspülung vor. Sollten die Symptome nicht nachlassen, suchen Sie umgehend einen Arzt auf.

Weitere Informationen entnehmen Sie bitte den Seiten 9 bis 12.

INHALT

KAPITEL 1 ⚜⚜⚜⚜⚜⚜⚜

EINFÜHRUNG

Was ist Henna?

In der westlichen Welt kennen wir Henna vorrangig als rötlichbraunes Pulver, das vor allem wegen seiner schützenden Eigenschaften in vielen Haarpflege- und -färbemitteln Verwendung findet. Im Orient dagegen wird es schon seit alters her auch als Färbemittel für die Haut genutzt und steht im Mittelpunkt einer langen Tradition für Tattoos auf Zeit.

Henna wird aus den getrockneten und zu Pulver zermahlenen Blättern der *Lawsonia inermis* gewonnen, eines ligusterähnlichen Strauches aus der Familie der Weiderichgewächse, der $2^{1}/_{2}$ bis 3 Meter groß werden kann. Aus den kleinen und süßlich duftenden gelblichweißen bis ziegelroten Blüten wird mit destilliertem Wasser eine Lotion für kosmetische Zwecke hergestellt. Der Strauch wächst bevorzugt in den heißen Klimazonen, in Arabien, Sri Lanka, Indien, Ägypten, Pakistan und im Iran und Sudan, kommt aber auch in China, Indonesien und auf den westindischen Inseln vor.

Ursprünge

Die Geschichte der Körperbemalung mit Henna reicht etwa 5000 Jahre zurück. Offenbar färbte man schon im alten Ägypten die Fingernägel und Haare von Verstorbenen mit Henna. Im 12. Jahrhundert gelangte es mit den Mogulherrschern nach Indien. Besonders berühmt war eine Mixtur aus Henna und aromatischen Ölen, die bei den Rajputen von Mewar (auch als Udaipur bekannt) in Rajasthan benutzt wurde. Seit dieser Zeit gehören Henna-Verzierungen am Körper unabdingbar zu allen festlichen Anlässen, vor allem aber zu Hochzeiten.

Erst mit dem Einzug in Indien erlangte die Körperbemalung mit Henna – in Indien seit alters her Mehndi genannt – seine eigentliche kulturelle Bedeutung. Nachdem es zunächst vorwiegend von den Reichen und Angehörigen der herrschenden Familien benutzt wurde, erfreute es sich bald auch beim einfachen Volk großer Beliebtheit. Mit zunehmender Verbreitung wurden auch die Rezepte zur Herstellung des Mehndi, verschiedene Verfahren des Auftragens sowie die Ornamente immer raffinierter und ausgeklügelter.

In der persischen Kunst – vor allem auf Miniaturen aus dem 13. und 14. Jahrhundert – finden sich immer wieder Darstellungen von an Hochzeitsprozessionen teilnehmenden Frauen und Tänzern, deren Hände mit Mehndi-Ornamenten geschmückt sind. Es wird angenommen, daß Henna in der glühenden Hitze Arabiens wohl auch wegen seiner kühlenden Eigenschaften auf die Haut aufgetragen wurde.

Hindu-Gottheiten werden häufig mit Mehndi-Tattoos an Händen und Füßen

dargestellt, und bei den Moslimen wurde Henna seit den Anfängen des Islam benutzt. Es heißt, daß der Prophet Mohammed es verwendete, um sich damit nicht nur traditionsgemäß den Bart, sondern auch, was ungewöhnlicher war, das Haupthaar zu färben. Er schätzte es obendrein, wenn seine Frauen ihre Fingernägel damit röteten. Da Mohammed den Moslems damals wie heute als Vorbild der Vollkommenheit gilt, erfreut sich Mehndi als dekorative Kunst fortdauernder Beliebtheit innerhalb des Islam.

Henna-Bemalungen in anderen Kulturen

Im Laufe der Jahrhunderte hat Mehndi zunehmend an Bedeutung innerhalb der Kulturen des mittleren Ostens, Asiens und Afrikas gewonnen. Immer dient es nur einem einzigen Zweck: Es soll schmücken und verschönern. Doch jede Kultur hat ihre eigenen einzigartigen Muster entwickelt, die von einheimischen Stoffmustern, der lokalen Architektur, der Natur und individuellen kulturellen Erfahrungen geprägt sind.

Im südlichen Indien wird ein gefülltes Kreismuster auf die Handfläche aufgebracht, während man auf die Fingerspitzen einen Punkt malt, so daß sie aussehen, als ob sie in Henna getaucht worden wären. Es ist auch das Muster, das im klassischen südindischen Tanz Verwendung findet.

In Nordafrika hingegen bevorzugt man äußerst kunstvoll verzierte Pfauen-, Schmetterlings- oder Fischmotive. Was so entsteht, sieht aus wie ein Spitzenhandschuh. Darüber hinaus bedient man sich auch traditioneller Symbole wie des *doli*, einer Art Handwagen, mit dem man früher, in den Zeiten vor der Motorisierung, die Braut von ihrem Haus zum Haus der Schwiegereltern brachte. Ebenfalls als Motiv beliebt ist die Lotusblüte.

Die in Pakistan wie im Norden Indiens gebräuchlichen Ornamente sind vom Laien kaum zu unterscheiden. Mit größter Kunstfertigkeit gemalt, erwecken die Henna-Muster beider Traditionen den Eindruck eines über die Haut gelegten Spitzenschleiers. Tatsächlich sind die pakistanischen Ornamente jedoch das Ergebnis einer Verschmelzung des nordindischen Malstils mit arabischen Motiven – Blumen, Blätter und geometrische Muster –, die ihre Wurzel im Islam haben: Da es den Moslems verboten ist, beim Beten figürliche Darstellungen am Körper zu tragen, verzichten sie auf Henna-Ornamente, die menschliche Gesichter, Vögel oder andere Tiere darstellen.

Im arabischen Raum bedecken die Muster fast die ganze Hand und ziehen sich bis zu den Fingernägeln hinauf, die traditionellerweise ebenfalls mit Henna dunkel gefärbt werden.

Die im Sudan verwendeten Ornamente sind auffallend großflächig. Die floralen, mit geometrischen Formen verzierten Motive werden gewöhnlich mit schwarzem Henna aufgemalt.

Mehndi als Hochzeitsschmuck

In den Hochzeitstraditionen des Orients spielt Mehndi eine entscheidende Rolle, eine Hochzeit ohne Bemalung von Händen und Füßen der Braut ist kaum denkbar. In vielen Kulturen werden nicht nur Handflächen und -rücken sowie die Arme bis zu den Ellbogen hinauf, sondern auch die Unterschenkel verziert. Am Abend, an dem die Mehndis aufgetragen werden, kommen alle Freundinnen und weiblichen Verwandten der Braut zusammen, um zu feiern. Gemeinsam singen sie die traditionellen Mehndi-Lieder, in denen es um Glück und Segen geht, die die Mehndis der Braut bringen sollen, und um deren Bedeutung für die Mitglieder der Familie des Bräutigams.

Der Brauch des Mehndi-Abends wird auch in der Golfregion von Saudi-Arabien, Bahrain, Kuwait und den Vereinigten Arabischen Emiraten praktiziert. Das Fest, das in diesen Ländern bereits einige Tage vor der Hochzeit stattfindet, ähnelt auffallend den Feiern im indischen Kulturkreis. Während Hände und Füße der Braut bemalt werden, singen die Mütter und Großmütter der Brautleute die traditionellen Mehndi-Lieder, in denen scherzend die Zukunft der Braut ausgemalt wird. Im Mittleren Osten spielen Mehndis aber auch bei anderen festlichen Zeremonien wie Geburten und Taufen eine Rolle.

Bestandteil der Hochzeitsfeierlichkeiten sind die Mehndi-Tattoos auch in Gujerat bei den Adivasi. Blätter und Blüten bilden die zentralen Motive, um die herum Gesicht und Arme der Braut mit komplexen Mustern bemalt werden.

In einigen Religionen hat die Mehndi-Zeremonie eine derart große Bedeutung, daß ihr Ablauf strengen Regeln folgt. So darf mit der Bemalung erst begonnen werden, wenn die Schwiegermutter den ersten Mehndi-Punkt auf der Hand der Braut aufgetragen hat. Der Punkt wird als symbolischer Segen begriffen, als ein Geschenk, das die Braut empfangen haben muß, bevor es ihr erlaubt ist, sich für den Bräutigam zu schmücken.

Weit verbreitet ist der Glaube, daß die Intensität der Farbe des Mehndis mit der von der Familie des Bräutigams entgegengebrachten Liebe zusammenhängt. Vor allem der Segen der Schwiegermutter spielt für die Braut eine entscheidende Rolle, die daher dafür sorgen wird, daß das für den Mehndi-Punkt verwendete Henna möglichst dunkel und leuchtend ist.

Die Tradition sieht vor, daß in die Mehndi-Tattoos der Braut der Name des Bräutigams eingefügt wird, den dieser dann suchen muß, was durchaus mehrere Stunden dauern kann. Zuweilen werden auch die Hände des Bräutigams verziert, und in einigen Regionen Kaschmirs und Bangladeschs gibt es sogar spezielle Ornamente, die den Männern vorbehalten bleiben. In Europa geht der Modetrend gegenwärtig dahin, sich mit tätowierten Ringen und Armbändern nach traditionellem Vorbild zu schmücken.

DIE HÄUFIGSTEN FRAGEN

HIER DIE Antworten auf einige der am häufigsten im Zusammenhang mit Henna-Tattoos gestellten Fragen. Sie werden Ihnen einen tieferen Einlick in die Kunst der Körperbemalung vermitteln.

Gibt es außer Mehndi noch andere Bezeichnungen für Henna?

Ja, beinahe jede Region der Welt, in der diese Form der Körperbemalung praktiziert wird, hat ihren eigenen Namen für das, was wir Henna nennen. Mehndi, ausgesprochen *Meh-hend-dieh*, ist jedoch die gebräuchlichste Bezeichnung. Andere lauten *Maruthani* (die tamilische oder südindische Bezeichnung), *Saumer* (das sudanesische Wort für schwarzes Henna) und *Reseda*.

Wie lange hält ein Henna-Tattoo?

Henna-Ornamente halten zwischen einigen Tagen und mehreren Wochen, abhängig von der Intensität der Farbe, der Hautpartie, die bemalt wurde, und dem Grad, in dem diese Seife und Wasser ausgesetzt wird.

Gibt es noch andere Farben?

Die einzige andere Farbe ist *Saumer*, schwarzes Henna, das vor allem aus dem Sudan kommt. Auch *Saumer* kommt allmählich immer mehr in Mode und ist vor allem bei Männern beliebt, da dieser Farbton dem permanenter Tattoos gleicht (ebenso wie Mehndi aber nicht dauerhaft ist). In der traditionellen Körperbemalung wird *Saumer* für die Dekoration der Fußsohlen von Männern und Frauen verwendet.

Läßt sich die Farbintensität von Henna-Tattoos variieren?

Da sich Mehndi im Laufe der Jahrtausende zu einer echten Kunstform entwickelt hat, existieren auch verschiedenste Varianten der Herstellung, die alle einen eigenen Einfluß auf die Farbintensität haben (siehe Rezepte ab S. 12).

Gibt es irgendwelche Risiken oder Nebenwirkungen?

Henna wird seit über 5000 Jahren verwendet, und weil es ein vollkommen natürliches Produkt ist (ohne jegliche chemischen Zusatzstoffe hergestellt), sind allergische Reaktionen äußerst selten. Dennoch sollten Sie wie bei jedem neuen Kosmetikprodukt vor dem ersten Gebrauch eine Allergieprobe (am besten am Arm, auf der Innenseite des Ellbogens) vornehmen. Das Auftragen von Henna ist vollkommen schmerzlos, so daß sich diese Form des Tattoos sogar bei Kindern anwenden läßt – vorausgesetzt sie halten lange genug still!

Tattoos auf Zeit?

Tätowierungen der verschiedensten Art liegen zur Zeit im Trend. Henna-Tattoos verdanken ihre Popularität der Tatsache, daß sie im Gegensatz zu anderen Methoden nicht von Dauer sind. Die Moden wechseln rasant schnell, so daß das, was heute „in" ist, schon morgen vollkommen unmodern sein kann. Warum sollte man sich also eine Tätowierung zulegen, die sich dem wandelnden Geschmack nicht anpaßt?

Wer trägt Henna-Tattoos?

In letzter Zeit sieht man immer mehr Stars mit Mehndi-Tattoos, unter ihnen Demi Moore, Liv Tyler, Mira Sorvino, Naomi Campbell, Madonna, „No-Doubt"-Sängerin Gwen Stefani und t.a.f.k.a.p., *the artist formerly known as Prince.*

Dauert es lange, ein Henna-Tattoo aufzutragen?

Für die Vorbereitungen und das Anrühren des Pulvers braucht man etwa eine halbe Stunde. Die angerührte Paste muß dann noch eine Weile an einem kühlen und trockenen Ort ruhen. Nach dem Auftragen des Ornaments sollte die Hennapaste etwa acht, mindestens aber zwei Stunden auf der Haut bleiben, damit sich die Farbe voll entwickeln kann. Ihre volle Entfaltung erreicht die Farbe nach etwa 48 Stunden.

Was tun, damit die Paste während des Einwirkens nicht abbröckelt?

Sobald das Henna zu trocknen beginnt, muß es mit einer Mischung aus Zucker und Zitronensaft bestrichen werden, um ein Abbröckeln zu verhindern. Je länger die Paste feucht bleibt, desto besser entwickelt sie ihre Färbekraft.

Wie läßt sich der Ton intensivieren?

Nchdem man die eingetrocknete Paste entfernt hat, sollte man die Haut mit etwas Senföl einreiben. Dieses dringt in die Haut ein und bringt die Farbe – ein Orangerot – zum Leuchten.

Kann ich das Henna-Tattoo allein auftragen?

Ein solches Tattoo aufzutragen ist nicht schwierig. Wenn Sie allerdings beide Hände bemalen wollen, sollten Sie jemanden bitten, Ihnen behilflich zu sein.

Muß man künstlerisch begabt sein?

Man muß nicht unbedingt über künstlerische Talente verfügen, doch ein gewisses Maß an Kreativität ist mit Sicherheit hilfreich. Aber wenn Sie die in

diesem Buch vorgeschlagenen Übungen der Reihenfolge nach sorgfältig durcharbeiten, werden Sie den geschickten Umgang mit Henna leicht erlernen.

Wo kann man die notwendigen Materialien kaufen?

In Deutschland wird Hennapulver aufgrund gesetzlicher Verordnungen in der Regel als Haarfärbemittel deklariert. Als solches ist es in vielen Drogerien, Reformhäusern und Naturkostläden erhältlich. Inzwischen gibt es allerdings schon spezielle Stifte, mit denen das Auftragen der Tattoos noch einfacher ist. Eine ganze Reihe von Bezugsadressen für diese Produkte finden Sie ab Seite 72.

Hat Henna noch andere Eigenschaften?

Henna wurde schon immer auch als Heilmittel bei bestimmten Krankheiten eingesetzt. Die im Henna nachweisbare harzige Substanz hat die gleichen chemischen Eigenschaften wie Gallusgerbsäure (Tannin) und wird daher Henna-Tanninsäure genannt. Teils innerlich, teils äußerlich angewandt, wird Henna bei der Behandlung von Lepra, Pocken und Darmkrebs eingesetzt sowie bei Kopfschmerzen und Blutverlust (vor allem während der Geburt). Auch bei Hautkrankheiten und -ausschlägen, Muskelkontraktionen und Pilz- oder Bakterieninfektionen kommt es zur Anwendung.

Was passiert, wenn ich etwas verschütte?

Arbeiten Sie am besten in der Küche. Ich empfehle sogar, die Paste im Spülbecken anzurühren. Wenn Sie dann etwas verschütten, können Sie es gleich wegspülen.

Was tun, wenn beim Auftragen ein Fehler unterläuft?

Henna färbt die Haut nicht, wenn Sie es sofort wegwischen. Legen Sie sich also immer einen hölzernen Zahnstocher (ausgezeichnet zum Korrigieren von Linien) und einige feuchte Wattebällchen bereit, um das Henna abwischen zu können.

Was kann ich tun, wenn mir mein Tattoo nicht gefällt?

Wenn die Färbewirkung des Hennas erst einmal eingesetzt hat, können Sie leider nicht mehr viel tun. Waschen Sie die betreffende Hautpartie so oft wie möglich mit Wasser und Seife, dadurch wird das Tattoo relativ schnell verblassen. Es kann jedoch einige Tage dauern, bis das Tattoo ganz verschwunden ist.

Was tun, wenn Hennapaste übrigbleibt?

Übriggebliebene Paste können Sie in einem luftdicht verschlossenen Behälter bedenkenlos bis zu einer Woche im Kühlschrank aufbewahren. Außerdem können Sie Reste (im Spritzbeutel lassen) bis zu zwei Monate einfrieren.

Gibt es noch eine andere Methode zum Auftragen als mit dem Spritzbeutel?

Ja. Der Spritzbeutel ist eine relativ neue Erfindung. Früher wurde Henna mit dünnen Stäben aus Metall oder Gold aufgetragen. Vergleichbare Geräte kann man auch heute noch in Baumärkten oder Läden für Künstlerbedarf kaufen. Jeder Gegenstand mit einer feinen Spitze kann benutzt werden, um das Henna aufzutragen. Inzwischen gibt es auch bereits spezielle Tattoo-Stifte.

Muß ich irgendwelche Vorsichtsmaßnahmen treffen, bevor ich die Hennapaste auftrage?

Decken Sie die Arbeitsfläche mit alten Tüchern ab und schützen Sie Ihre Kleidung. Da Henna ein äußerst wirksames Färbemittel ist, sollten Sie darauf achten, daß die Paste nicht auf Polster, Teppiche oder ähnliches gelangt.

REZEPTE ZUM ANRÜHREN DER HENNAPASTE

FÜR DEN Anfang sind spezielle Tattoo-Stifte durchaus zu empfehlen, da man sich nicht erst noch mit Vorbereitungen aufhalten muß. Sollten Sie aber später Lust bekommen, sich Ihre eigene Hennapaste anzurühren, verfahren Sie einfach nach einem der folgenden Rezepte. Das erste ist das gebräuchlichste, die anderen habe ich von Freunden, die sie entweder selbst erfunden und ausprobiert oder auf Reisen entdeckt haben. Es ist ratsam, zunächst mit dem ersten, dem Grundrezept, zu beginnen und sich erst danach an die anderen zu wagen.

Zutaten

Die folgenden Zutaten gelten für alle Rezepte:
Leere Spritzbeutel aus Plastik (siehe Seite 15) – Hennapulver – Zitronensaft – Zucker – Tamarindenpaste (gibt es u.a. in asiatischen Lebensmittelgeschäften) – Eukalyptusöl – Nelkenöl – schwarzer Tee in Beuteln – Kaffee – feines Sieb

Rezept 1

1. SCHRITT
Sieben Sie das Hennapulver zwei- bis dreimal durch. Auch wenn das Pulver sehr fein gemahlen ist, enthält es doch oft noch kleine Rindenstücke (schließlich wird es aus einer Pflanze hergestellt), die später die Öffnung des Spritzbeutels verstopfen und so den einwandfreien Auftrag der Paste verhindern könnten.

2. SCHRITT
Füllen Sie einen Topf mit einem knappen halben Liter Wasser, und fügen Sie
zwei Teebeutel sowie je zwei Teelöffel Kaffee und Tamarindenpaste hinzu.
Einmal aufkochen und etwa eine Stunde bei schwacher Hitze sieden lassen.
Nach dem Abkühlen gießen Sie die Mischung durch das Sieb, um alle Partikel
zu entfernen.
3. SCHRITT
Fügen Sie die Flüssigkeit unter Rühren dem Hennapulver bei. Die Paste sollte
die gleiche Konsistenz wie Zuckerguß haben, den man durch einen Spritzbeutel
pressen kann. Geben Sie die Flüssigkeit nur vorsichtig und nach und nach hinzu.
4. SCHRITT
Lassen Sie die Paste an einem kühlen, trockenen Ort etwa drei Stunden ruhen.
5. SCHRITT
Bevor Sie die Paste in den Spritzbeutel füllen, fügen Sie fünf Tropfen Eukalyptusöl und fünf Tropfen Nelkenöl hinzu. Alles noch einmal gut miteinander
verrühren und in den Beutel füllen.

Rezept 2
Dieses Rezept ist in Marokko sehr verbreitet. Eine Freundin erhielt es von
einer alten Marokkanerin, die ihr während eines Urlaubs die Hände bemalte.

Weitere Zutaten:
Rosenwasser – Orangenblütenwasser
1. SCHRITT
Bereiten Sie das Hennapulver wie im ersten Rezept beschrieben vor.
2. SCHRITT
Vermischen Sie eine Tasse kalten, gebrühten schwarzen Tee vom Vortag mit
einer halben Tasse frisch gepreßtem Zitronensaft.
3. SCHRITT
Fügen Sie die Flüssigkeit dem gesiebten Hennapulver hinzu und verrühren Sie
die Mischung gründlich. Drei Stunden ruhen lassen.
4. SCHRITT
Bevor Sie die Paste auftragen, verrühren Sie Rosen- und Orangenblütenwasser
zu gleichen Teilen miteinander und reinigen damit die Hautpartie, die Sie bemalen wollen.
5. SCHRITT
Reiben Sie die zu bemalende Stelle mit Eukalyptusöl ein. So nimmt die Haut
die Farbe besser auf, und die Färbung wird dauerhafter.

Rezept 3

Mit diesem Rezept läßt sich eine äußerst wirksame Hennapaste herstellen.

1. SCHRITT

Bereiten Sie das Hennapulver wie im ersten Rezept beschrieben vor.

2. SCHRITT

Fügen Sie etwa eine Tasse frisch gepreßten Zitronensaft und jeweils zehn Tropfen Eukalyptus- und Nelkenöl hinzu. Auch hier gilt, daß die Paste die Konsistenz von Zuckerguß haben soll. Wenn die Masse noch zu dick ist, geben Sie etwas mehr Zitronensaft hinzu. Die nach diesem Rezept hergestellte Paste kann sofort in den Spritzbeutel gefüllt und verwendet werden.

PFLEGEHINWEISE:

Um optimale Ergebnisse im Hinblick auf Farbe und Dauerhaftigkeit zu erhalten, gilt es, vor und nach dem Auftragen des Tattoos einige Regeln zu beachten:

- Vor dem Auftragen der Hennapaste muß die zu bemalende Hautpartie gründlich gereinigt werden, um alle eventuellen Rückstände zu beseitigen. Waschen Sie sie gründlich oder wischen Sie sie mit einem in Wasser getränkten Wattebausch sorgfältig ab.
- Nachdem Sie die Haut gereinigt haben, reiben Sie sie mit Eukalyptusöl ein. Dann nimmt die Haut das Henna besser auf, der Farbton wird intensiver.
- Wenn Sie Ihre Fußsohlen bemalen wollen, bedenken Sie, daß Sie nach dem Auftragen des Henna nicht mehr herumlaufen sollten, um es nicht in der ganzen Wohnung zu verteilen. Sorgen Sie also dafür, daß Sie nicht mehr aufstehen müssen, sobald Sie mit dem Bemalen der Füße begonnen haben.
- Wenn Sie mit dem Malen des Ornaments fertig sind und die Hennapaste zu trocknen beginnt, tragen Sie eine Mischung aus zwei Teilen Zitronensaft und einem Teil Zucker auf die Haut auf. Die klebrige Flüssigkeit verhindert nicht nur das Abbröckeln der Paste, sondern hält sie auch länger feucht, so daß die Farbe besser einwirken kann.
- Nach etwa acht Stunden können Sie die Hennapaste entfernen. Kratzen Sie sie entweder mit einem Buttermesser herunter oder rubbeln Sie sie mit den Händen ab — am besten tun Sie das über dem Waschbecken oder der Badewanne. Reiben Sie dann die Haut mit Senföl ein. Das versiegelt die Farbe und verleiht ihr einen dunkleren, intensiveren Ton.
- Je länger die Hennapaste feucht gehalten wird, desto dunkler der Farbton.
- Damit das Henna seine Färbeeigenschaften voll entwickeln kann, sollte die Körperpartie mit dem fertigen Tattoo für weitere zwölf Stunden vor Nässe geschützt werden.

DAS HERSTELLEN EINES SPRITZBEUTELS AUS PLASTIK

Verwenden Sie zum Auftragen der Hennapaste am besten einen Spritzbeutel aus Plastik, den Sie sich sehr einfach selbst anfertigen können.

Sie benötigen:

Kräftige, durchsichtige Plastikfolie (z. B. von einem Gefrierbeutel) — Schere — Klebeband

1. SCHRITT
Schneiden Sie aus dem Plastik ein Rechteck von 16 x 12 cm zu. Rollen Sie nun die Folie von einer Ecke her auf, so daß eine Tüte entsteht. Es darf sich an der Spitze keine Öffnung bilden.

2. SCHRITT
Verkleben Sie die Tüte sorgfältig an der Spitze und allen „Nahtstellen".

3. SCHRITT
Füllen Sie mit Hilfe eines Teelöffels den Beutel zu etwa drei Vierteln mit der Hennapaste.

4. SCHRITT
Falten Sie die Seitenränder der oberen Lasche und dann die ganze Lasche ein paar Mal nach innen, schlagen Sie sie über den Beutel und kleben Sie sie mit dem Klebeband fest.

5. SCHRITT
Mit einer Nadel stechen Sie eine winzige Öffnung in die Spitze der Tüte. Der Spritzbeutel ist fertig.

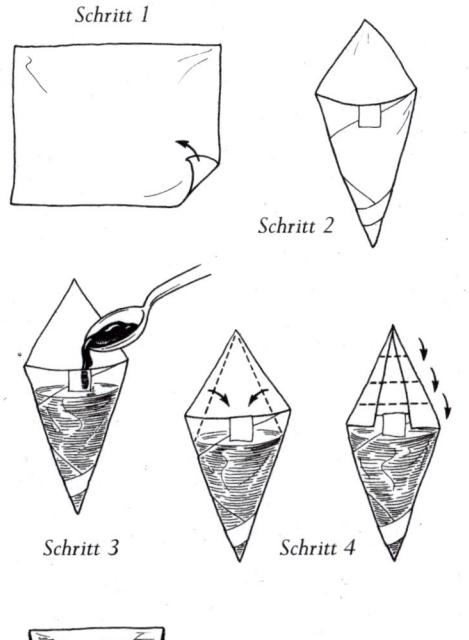

Schritt 1

Schritt 2

Schritt 3

Schritt 4

Schritt 5

EINFACHE MUSTER

DIESER ABSCHNITT soll Ihnen helfen, sich mit der Kunst der Körperbemalung vertraut zu machen. Wir beginnen mit einfachen Mustern und widmen uns anschließend komplizierteren Ornamenten. Die Skizzen auf den folgenden Seiten zeigen eine Reihe von einfachen Mustern, mit denen größere Motive und Ornamente ausgefüllt werden, die Sie an beliebigen Stellen des Körpers plazieren können.

Übung 1

Vervollständigen Sie die Muster mit einem Stift (spitzer Bleistift oder feiner Filzstift). Das Zeichnen auf dem Papier ist eine gute Vorübung für den späteren Umgang mit dem Spritzbeutel.

Übung 2

Auf dieser Seite finden Sie einfache traditionelle Muster, die auf die Hände gemalt werden. Aber warum sie nicht einmal um den Nabel oder auf dem Schulterblatt plazieren, zum Beispiel, um ein Herzmotiv damit auszufüllen?

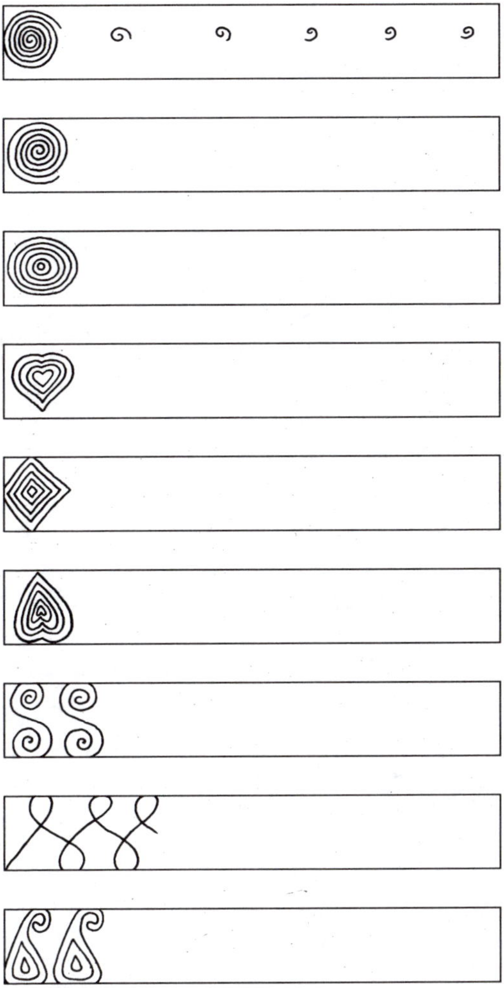

17

Übung 3

Einige einfache Muster zum Üben. Entscheiden Sie selbst, wo Sie diese Muster plazieren wollen.

Übung 4

Traditionelle Füllmuster für größere Flächen.

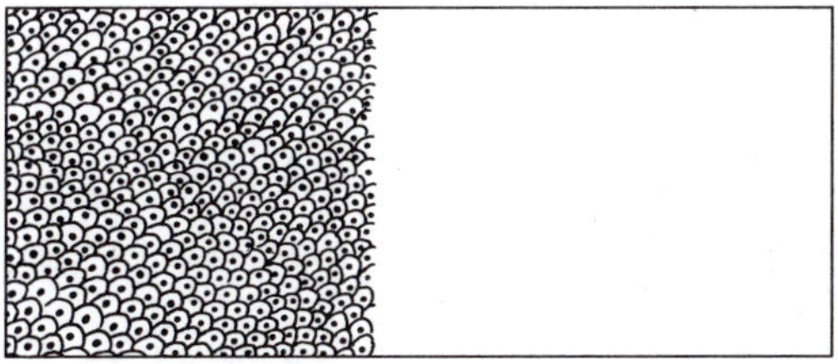

Übung 5

Vervollständigen Sie diese Füllmuster mit einem feinen Stift.

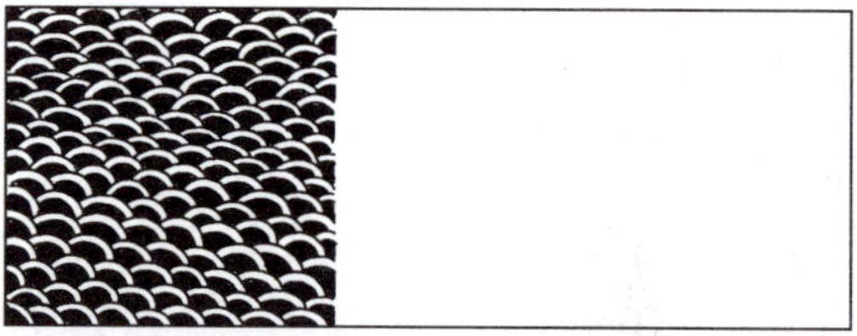

Übung 6

Diese Muster können zum Ausfüllen größerer Flächen an beliebigen Körperpartien benutzt werden.

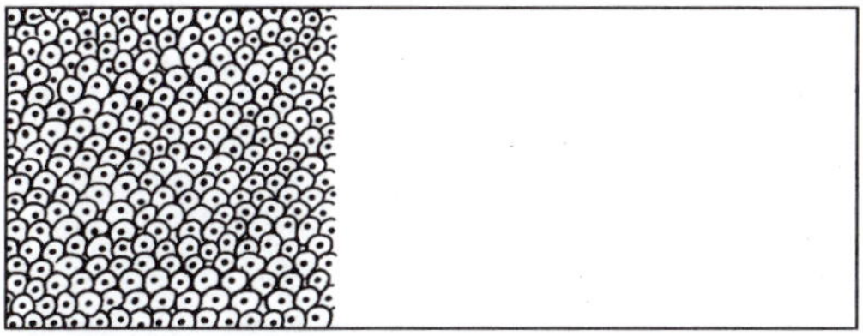

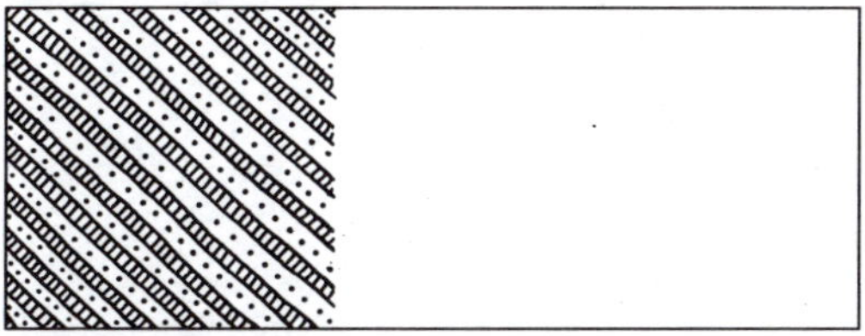

Übung 7

Vervollständigen Sie diese Füllmuster mit einem feinen Stift.

Übung 8

Vervollständigen Sie diese Füllmuster mit einem feinen Stift.

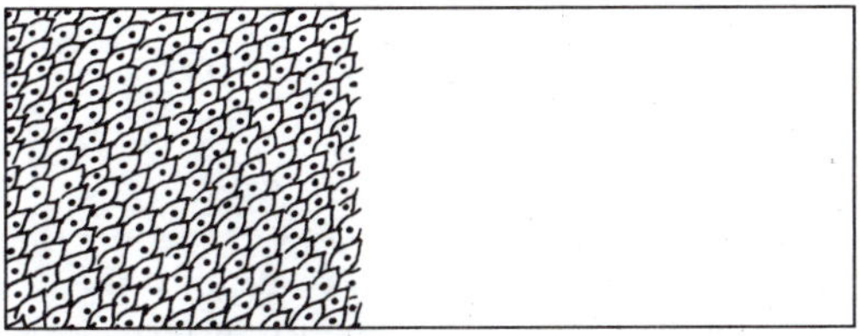

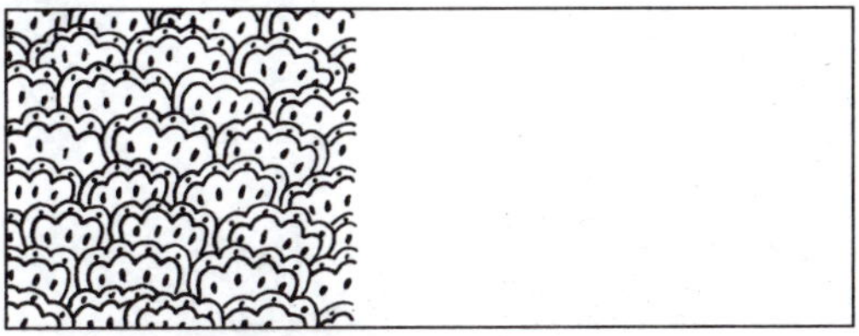

TRADITIONELLE MUSTER UND MOTIVE

Sie haben nun den Übungsteil dieses Buches abgeschlossen und können jetzt eigene Entwürfe anfertigen. Um Ihnen den Start zu erleichtern, hier einige Beispiele von Motiven, die bei traditionellen Ornamenten häufig die Mitte bilden. Sie sind mit Mustern ausgefüllt, die Sie bereits kennen.

Zeichnen Sie zuerst die Umrißlinien. Dann beginnen Sie oben mit den Füll-mustern und arbeiten sich nach unten vor.

ACHTUNG: Die Umrißlinien sollten immer etwas stärker und mit weite-ren Abständen ausgeführt werden, damit sie deutlich hervortreten.

Diese Motive sind nicht nur hervorragend geeignet, um im Zentrum von Ornamenten für die Hände zu stehen, sie können ebensogut auch einzeln auf andere Körperpartien gemalt werden. Das Herzmotiv wie auch die Raute eig-nen sich ganz ausgezeichnet für ein Tattoo auf dem Schulterblatt.

Hier einige weitere Beispiele traditioneller Motive, die Sie zu eigenen Entwürfen inspirieren sollen. Lassen Sie Ihrer Phantasie freien Lauf. Die eher runden Muster machen sich besonders gut um den Bauchnabel herum. Hier wirken sogar die traditionellen Motive sehr modern.

Diese Blumenmuster eignen sich ausgezeichnet für kleine, nur aus einem einzigen Motiv bestehende Tattoos. Sie können an jeder beliebigen Körperpartie aufgebracht werden.

Die Muster auf dieser Seite sind üblicherweise für Finger oder Handgelenke gedacht, können aber auch andere Körperpartien schmücken. Warum nicht auch die Arme?

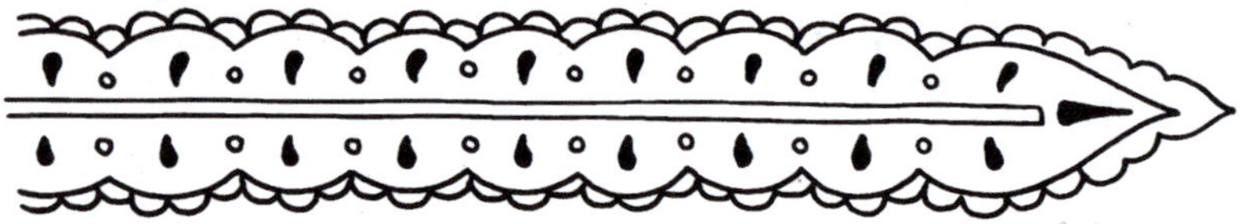

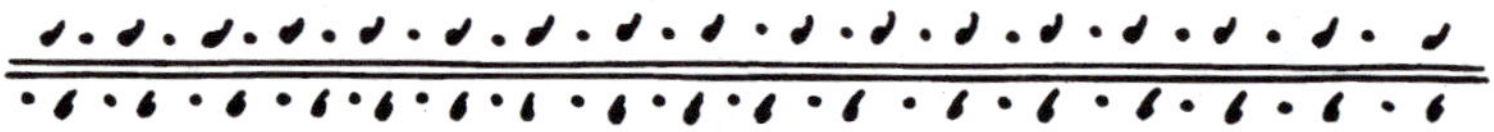

Diese einfachen Motive müssen nicht nur auf den Händen Verwendung finden.
Versuchen Sie es auch einmal auf dem Rücken oder den Beinen.

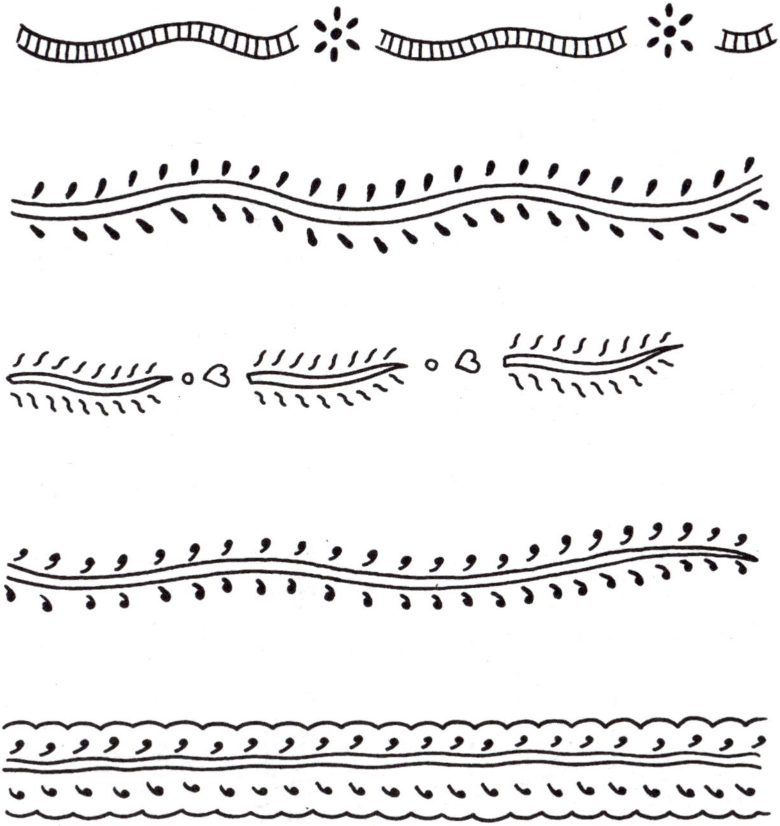

ORNAMENTE FÜR DIE FINGER

AUF DIESER Seite finden Sie verschiedene Beispiele für Fingerornamente. Sie sind sehr kunstvoll und wirken besonders gut, wenn man sie mit einfachen Mustern oder modernen Formen kombiniert. Alle Muster können für Ober- und Unterseite der Finger verwendet werden.

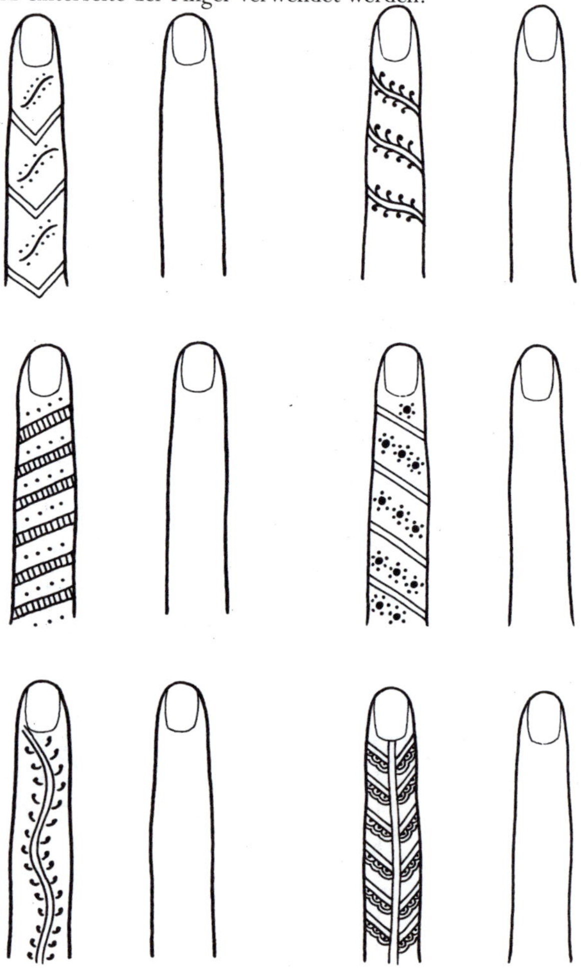

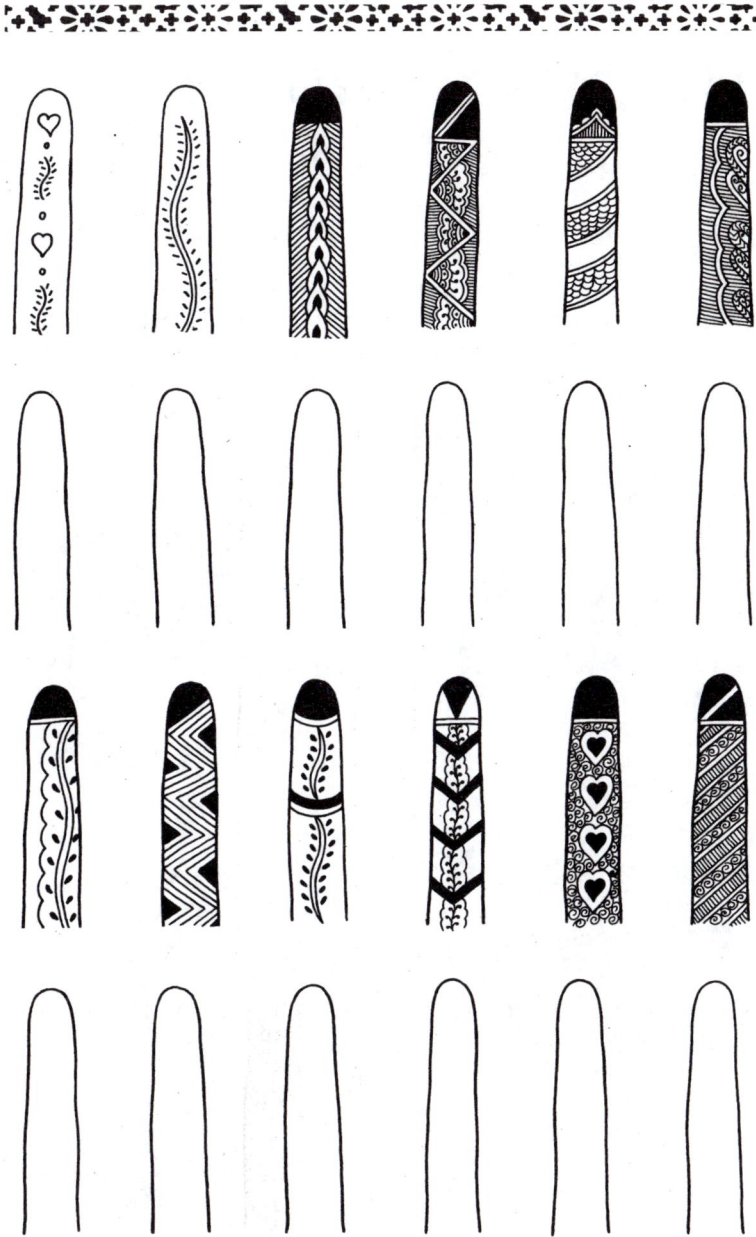

MODERNE MUSTER
UND MOTIVE

Hier sehen Sie einige moderne Motive, die an jeder beliebigen Hautpartie des Körpers aufgebracht werden können.

ACHTUNG: Beginnen Sie immer mit dem Motiv im Zentrum und arbeiten Sie sich nach außen vor. So ist das gesamte Ornament auf der Fläche gleichmäßig und ausgewogen verteilt und erscheint nicht an einigen Stellen zusammengedrängt. Lassen Sie immer eine Lücke von ca. vier Millimetern zwischen den Umrißlinien, damit die verschiedenen Linien nicht ineinander verlaufen.

Beginnen Sie bei Füllmustern im Zentrum und arbeiten sich dann nach außen vor. Man kann auch zuerst die Umrißlinien zeichnen und sie dann ausfüllen.

Das Sonnenmuster eignet sich hervorragend, um es um den Bauchnabel herum oder — wenn Sie
besonders mutig sind — um
die Brustwarzen zu zeichnen,
wie es viele Models gegenwärtig
auf den Laufstegen in aller Welt
vorführen.

*Auch diese Motive eignen
sich für verschiedene
Körperpartien, am besten
jedoch passen sie auf
Schulter und Oberarm.*

Die Muster auf den folgenden Seiten sind für Oberarm und Knöchel be-
stimmt. Beginnen Sie mit den Außenlinien. Die kräftigen Ornamente werden
von einer breiten Außenlinie begrenzt, der wiederum eine dünnere Linie folgt.
Dann zeichnen Sie die Füllmuster.

KOMPLEXE ORNAMENTE

Nachdem Sie sich mit dem Malen einfacher Formen und Muster vertraut gemacht haben, können Sie sich nun an die Ausschmückung eines komplexeren Ornaments wagen, indem Sie die Umrisse mit den unten aufgeführten Mustern ausfüllen. Selbstverständlich können Sie aber auch andere Muster wählen. Lassen Sie Ihrer Phantasie und Kreativität freien Lauf.

Beginnen Sie mit dem Ausfüllen des Herzmotivs in der Mitte der Handfläche, und arbeiten Sie sich langsam bis zum Handgelenk vor. Erst dann malen Sie die Umrisse an den Fingern aus.

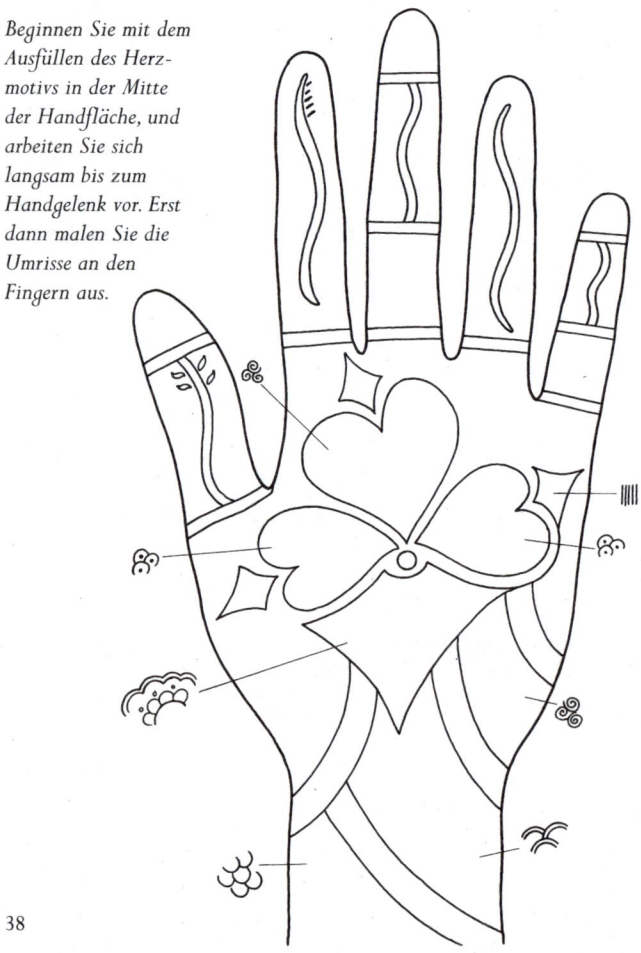

Beginnen Sie mit dem Ausfüllen
des Hauptmotivs in der Mitte
der Handfläche, bevor Sie
die Umrisse an den Fingern
mit den neben der
Skizze aufgeführten
Mustern füllen.

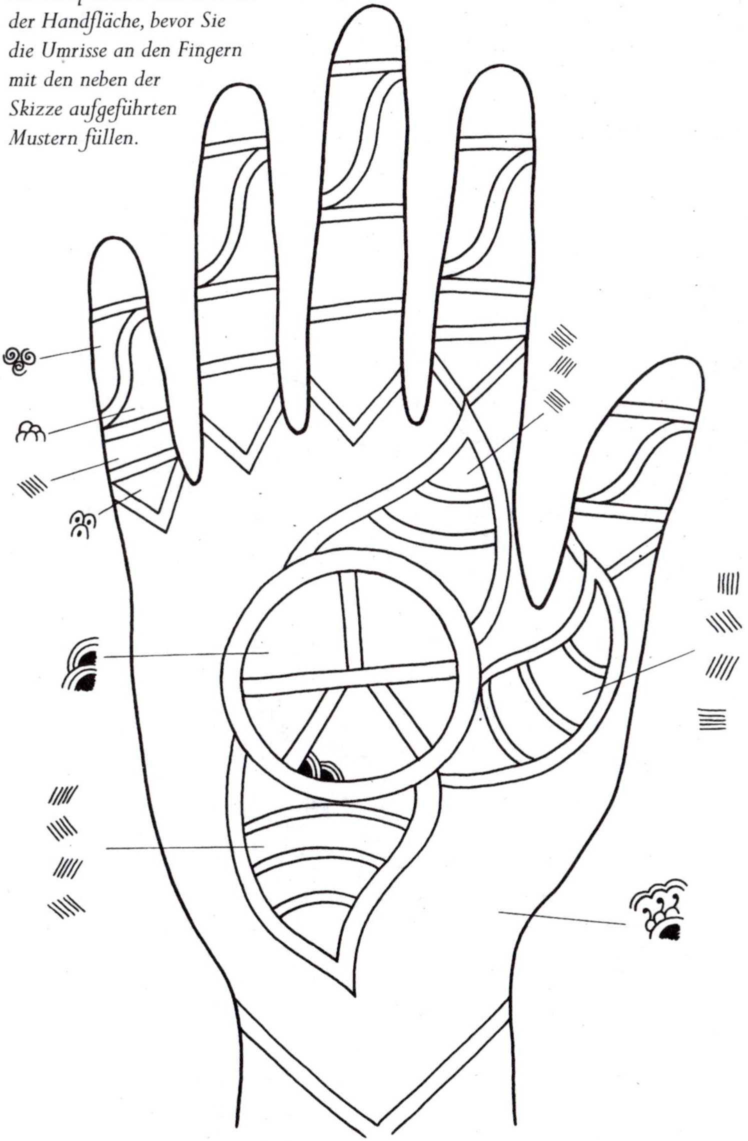

Bei diesem traditionellen Entwurf wird die ganze Hand bemalt, wobei die mit verschiedenen Mustern ausgefüllten Felder durch klar konturierte Linien voneinander getrennt werden. Achten Sie darauf, daß Sie mit den Mustern innerhalb der vorgegebenen Felder bleiben.

Beginnen Sie bei den Fingern, füllen Sie dann das zentrale Motiv aus, und arbeiten Sie sich allmählich bis zum Handgelenk vor.

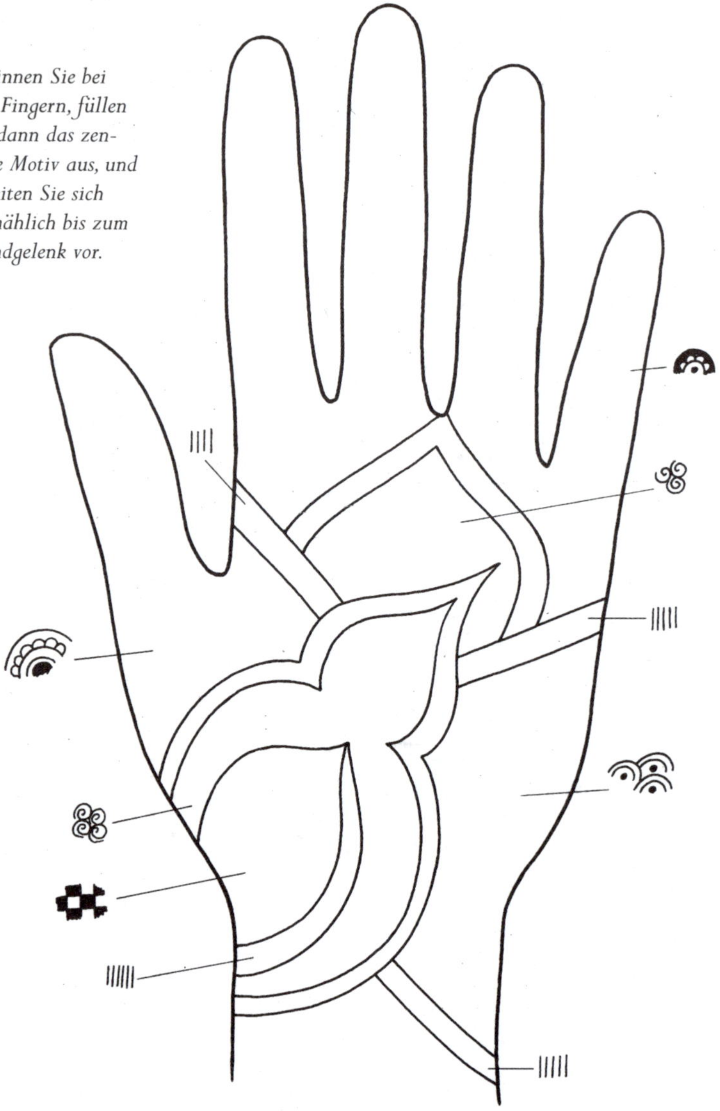

Beginnen Sie, indem Sie
die Raute in der Mitte
der Hand mit einem
Muster Ihrer Wahl aus-
füllen, bevor Sie sich an
die Bogenfelder links und
rechts davon machen.
Gehen Sie weiter zu den
Fingern, und voll-
enden Sie das
Ornament am
Handgelenk.

41

Das auf dieser Doppelseite
gezeigte Ornament ist
komplex, besteht aber bei
genauerem Hinsehen aus einer
Reihe recht einfacher Muster,
die Sie bereits kennengelernt
haben. Beginnen Sie, indem
Sie die Umrisse der Herzform
in der Mitte ausfüllen, und
arbeiten Sie sich
dann nach außen
vor. Nun widmen
Sie sich, von links
nach rechts
vorgehend, den
Fingern; der
Daumen kommt
zuletzt an die Reihe.
Arbeiten Sie sich nun
nach links unten weiter,
so daß Sie das
Ornament dort
vollenden, wo Sie es
begonnen haben, nämlich
auf der linken Seite der
rechten Handfläche.

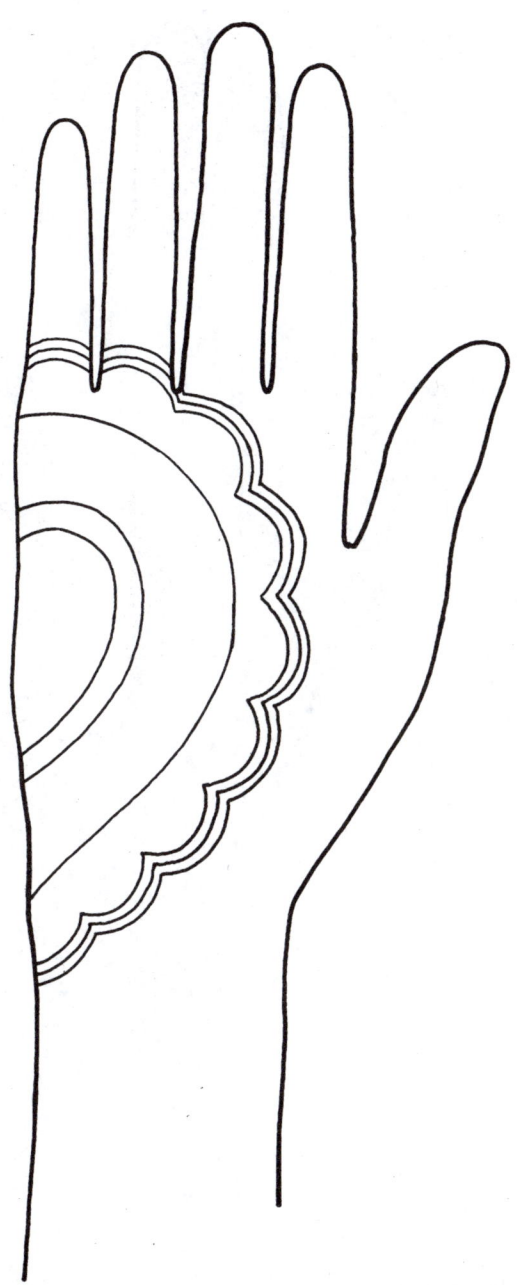

ORNAMENTE ZUM NACHMALEN

Nachdem Sie jetzt einige Motive, Muster und Ornamente für Arme, Fußgelenke und Finger kennengelernt und gezeichnet haben, können Sie zur kompletten Bemalung von Händen und Füßen übergehen. Auf den folgenden Seiten finden Sie einige Vorschläge dazu.

Die Entwürfe folgen zum Teil traditionellen pakistanischen, indischen und asiatischen Ornamenten, manche sind durch arabische Vorlagen inspiriert und andere modernen Ursprungs.

Ein durch arabische Vorbilder inspirierter Entwurf. Arabische Ornamente bestehen vor allem aus stilisierten Blumen und geometrischen Formen, die über die ganze Hand verteilt sind.

Beginnen Sie mit dem Gittermuster in der Mitte der Hand, und fahren Sie links davon fort, um die Daumenpartie zu vervollständigen. Dann widmen Sie sich der Handfläche rechts vom Gittermuster und schließlich den Fingern.

Dauer: etwa 30 Minuten pro Hand.

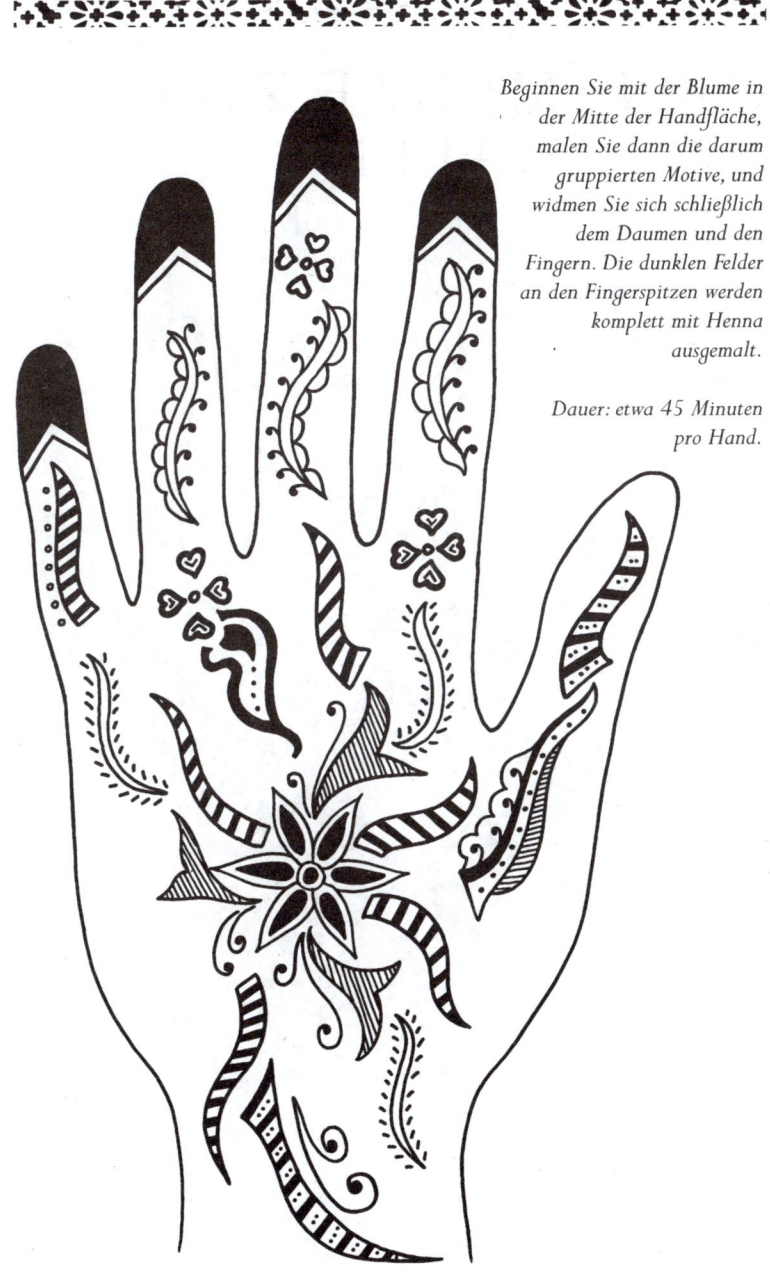

Beginnen Sie mit der Blume in der Mitte der Handfläche, malen Sie dann die darum gruppierten Motive, und widmen Sie sich schließlich dem Daumen und den Fingern. Die dunklen Felder an den Fingerspitzen werden komplett mit Henna ausgemalt.

Dauer: etwa 45 Minuten pro Hand.

Dies ist die Fortführung des
Ornaments der vorhergehenden
Seite für den Handrücken.
Beginnen Sie bei den Fingern,
und bemalen Sie dann den
Rest der Hand. Die dunklen
Flächen müssen vollständig
mit Henna ausgefüllt werden.

Dauer: etwa 20 Minuten
pro Hand.

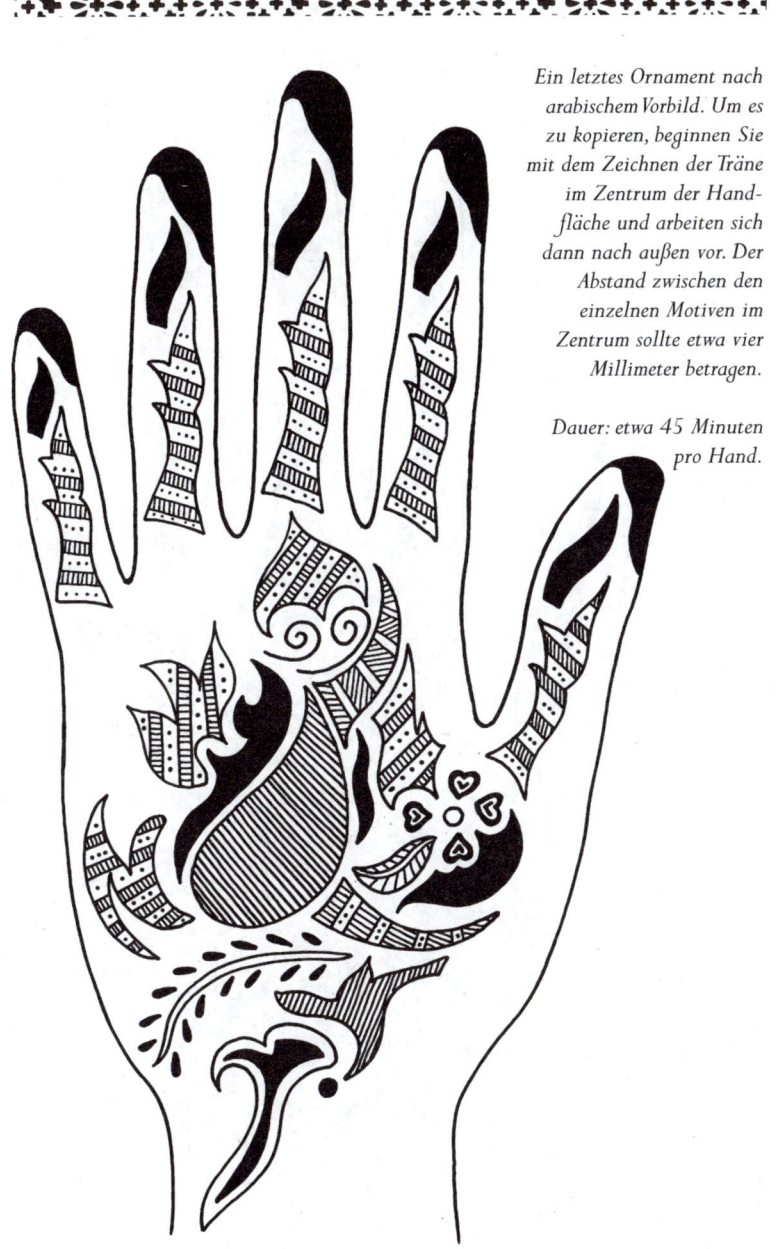

Ein letztes Ornament nach arabischem Vorbild. Um es zu kopieren, beginnen Sie mit dem Zeichnen der Träne im Zentrum der Handfläche und arbeiten sich dann nach außen vor. Der Abstand zwischen den einzelnen Motiven im Zentrum sollte etwa vier Millimeter betragen.

Dauer: etwa 45 Minuten pro Hand.

Für dieses Ornament zeichnen Sie zunächst die Umrißlinien. Beginnen Sie mit dem Bogen über dem Handgelenk, und tragen Sie dann die anderen Linien auf. Füllen Sie nun, von unten nach oben, die Formen auf der Handfläche aus, und bemalen Sie anschließend die Finger. Das Feld über dem Handgelenk wird zuletzt ausgefüllt.

Dauer: etwa 1 Stunde pro Hand.

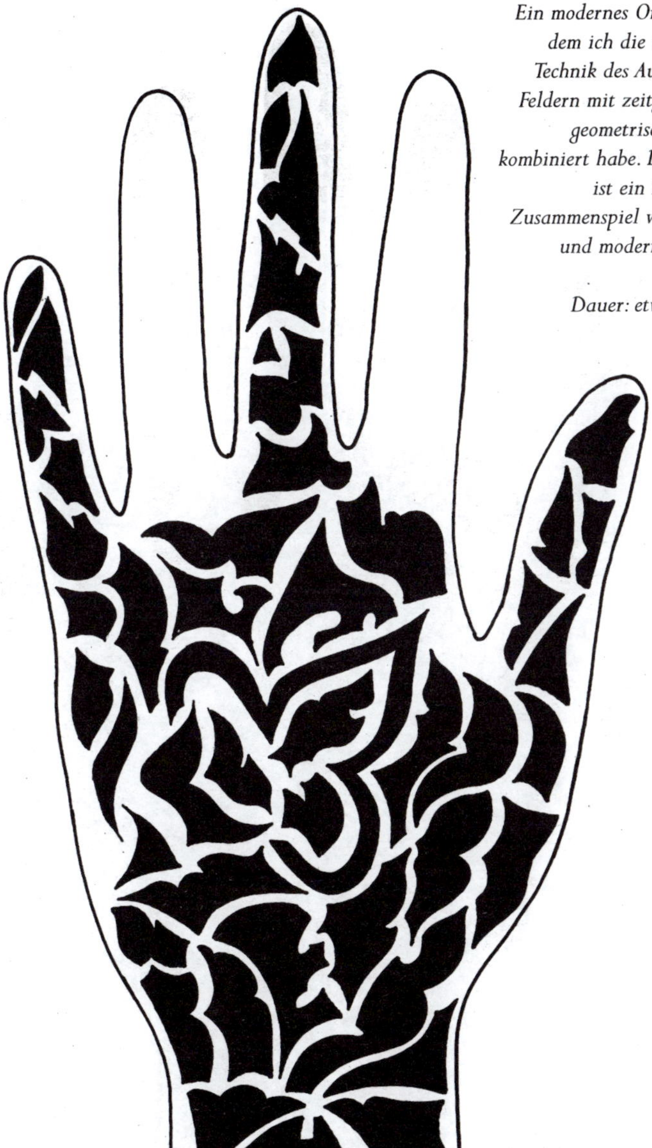

Ein modernes Ornament, bei dem ich die traditionelle Technik des Ausfüllens von Feldern mit zeitgenössischen geometrischen Formen kombiniert habe. Das Ergebnis ist ein interessantes Zusammenspiel von Tradition und modernem Design.

Dauer: etwa 1 Stunde pro Hand.

Das Zentrum dieses
Ornaments bilden zwei
Herzen, die mit bekannten
Mustern aus Kapitel 2
ausgefüllt wurden. Zeichnen
Sie zunächst die quer über die
Handfläche verlaufende
Teilungslinie, und beginnen
Sie dann mit dem Bemalen der
oberen Handhälfte. Dazu wird
zunächst die äußere
Umrißlinie des Herzens
gezeichnet,
dann folgt
die innere
Linie und
schließlich das
kleine Herz im
Zentrum.
Vervollständigen
Sie das Ornament
bis hinauf zu den
Fingerspitzen, bevor
Sie schließlich die
untere Hälfte und
das Handgelenk nach
dem gleichen Muster
bemalen.

Dauer: etwa 1 Stunde
pro Hand.

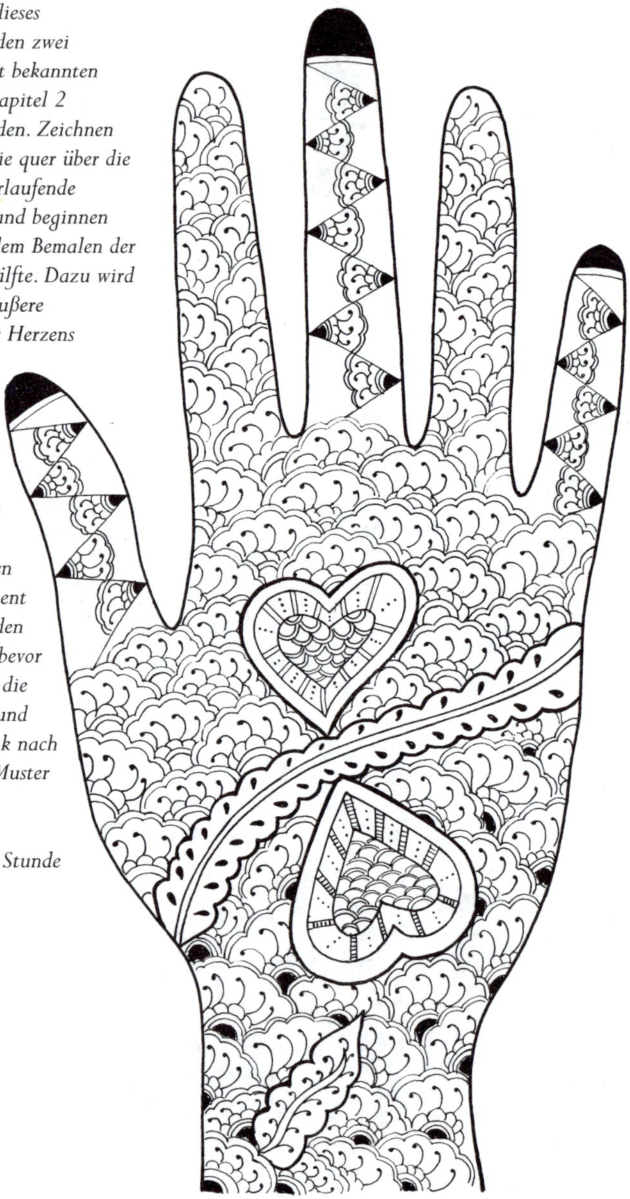

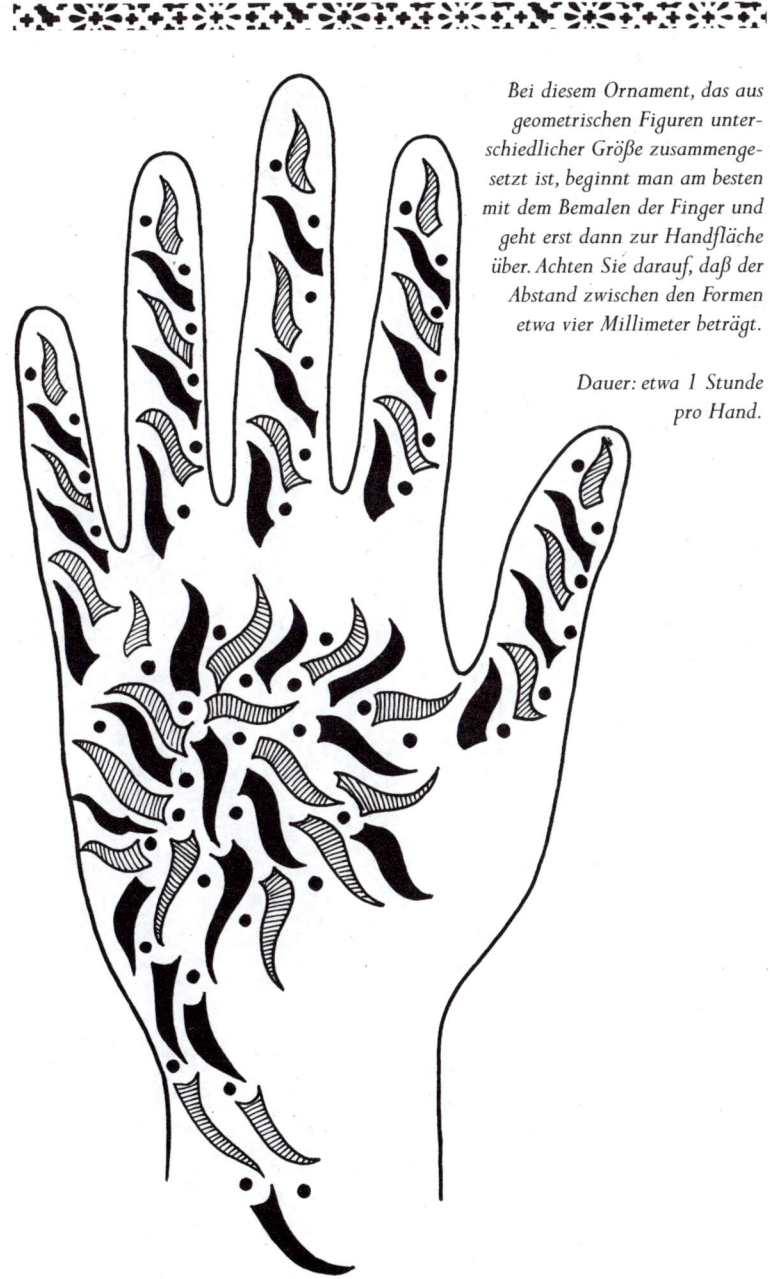

Bei diesem Ornament, das aus
geometrischen Figuren unter-
schiedlicher Größe zusammenge-
setzt ist, beginnt man am besten
mit dem Bemalen der Finger und
geht erst dann zur Handfläche
über. Achten Sie darauf, daß der
Abstand zwischen den Formen
etwa vier Millimeter beträgt.

Dauer: etwa 1 Stunde
pro Hand.

Beginnen Sie mit dem
Zeichnen der Umrißlinien für
das Blättermotiv in der Mitte
der Hand. Der Abstand
zwischen inneren und äußeren
Umrißlinien sollte etwa drei
Millimeter betragen. Füllen Sie
nun, beim Daumen beginnend,
die Flächen aus. Arbeiten Sie
von links nach rechts und von
oben nach unten, um zu
verhindern, daß Sie
die frisch aufgetragene
Hennapaste ver-
wischen.

Dauer: etwa 75 Minuten
pro Hand.

Dieses Ornament besteht aus verschiedenen Linien und Umrissen in der Mitte der Handfläche, die mit feinen, komplizierteren Mustern ausgefüllt werden, die Sie bereits aus Kapitel 2 kennen. Beginnen Sie mit dem Zeichnen der Umrißlinien, um die gesamte Handfläche in Felder aufzuteilen. Füllen Sie dann die Umrisse – wie in der Skizze gezeigt – aus. Es empfiehlt sich, am Handgelenk zu beginnen und von dort aus nach oben zu den Fingern vorzugehen.

Dauer: etwa 90 Minuten pro Hand.

53

Das zentrale Motiv dieses
Ornaments ist eine Kom-
bination aus Schmetterling
und Pfau. Beginnen Sie mit
dem Zeichnen dieses Motivs
und seiner Umrißlinien, bevor
Sie die anderen Umrißlinien
auftragen. Füllen Sie
schließlich, bei den Fingern
beginnend, die Flächen bis
zum Handgelenk mit den
gezeigten Mustern
aus.

Dauer: etwa 90
Minuten pro
Hand.

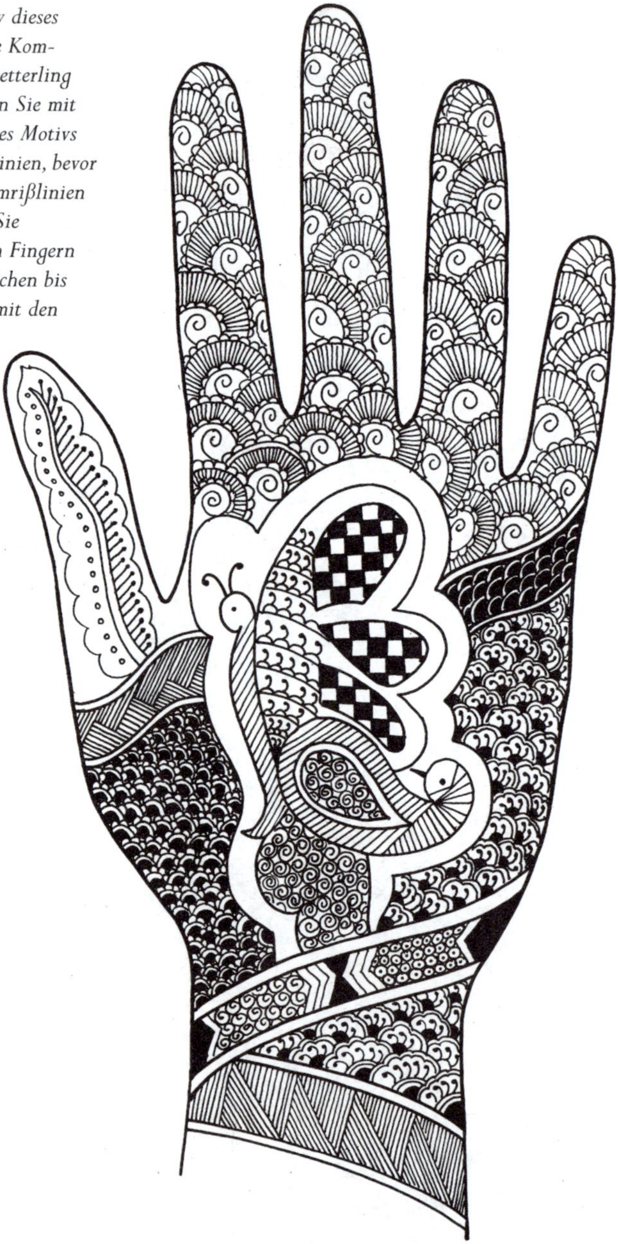

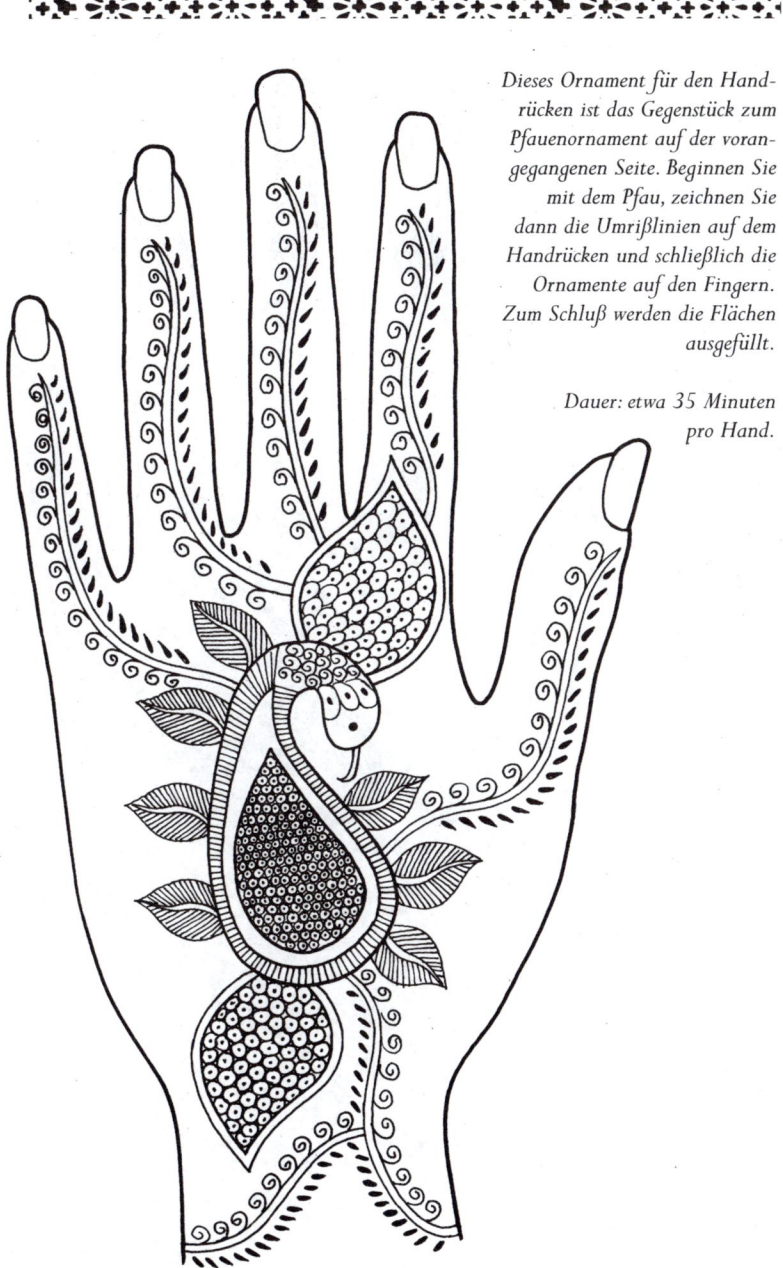

*Dieses Ornament für den Hand-
rücken ist das Gegenstück zum
Pfauenornament auf der voran-
gegangenen Seite. Beginnen Sie
mit dem Pfau, zeichnen Sie
dann die Umrißlinien auf dem
Handrücken und schließlich die
Ornamente auf den Fingern.
Zum Schluß werden die Flächen
ausgefüllt.*

*Dauer: etwa 35 Minuten
pro Hand.*

Ein weiteres Ornament für den Handrücken. Beginnen Sie mit dem Auftragen der Umrißlinien für das zentrale Motiv, und bemalen Sie dann die Finger. Wenn Sie alle Umrißlinien aufgetragen haben, füllen Sie die Felder mit den Mustern aus.

Dauer: etwa 35 Minuten pro Hand.

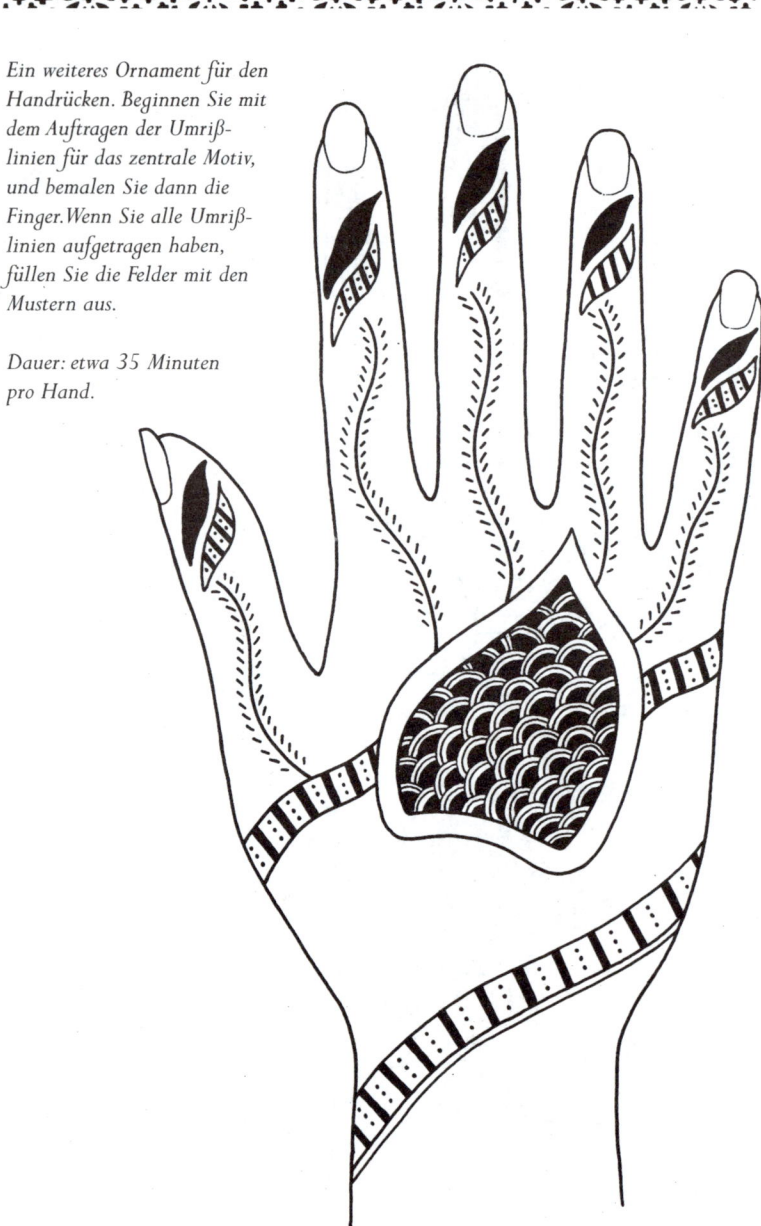

Das Ornament auf der gegenüberliegenden Seite (wie sein hier gezeigtes Gegenstück für die Handfläche) folgt einer traditionellen Vorlage. Zeichnen Sie zunächst die Umrißlinien für die größeren Formen in der Mitte, dann die für die kleineren am Rand. Füllen Sie nun die Flächen mit den Mustern aus. Zum Schluß werden die Finger bemalt.

Dauer:
etwa
1 Stunde
pro Hand.

Beginnen Sie mit dem
Zeichnen der quer laufenden
Linien des Gittermusters, um
die Handfläche aufzuteilen,
und tragen Sie dann die
Umrißlinien für den Bogen
und das Herz auf. Erst danach
sollten Sie die Formen
ausfüllen. Beginnen Sie mit
dem Bogen, gehen Sie dann
zu dem Herzmotiv und
schließlich zu dem
rechteckigen
Gittermuster
weiter. Von
unten nach
oben ar-
beitend,
bemalen Sie
nun die restliche
Handfläche und
die Finger. Vervoll-
ständigen Sie das
Ornament, indem
Sie die Muster
unterhalb des
Gittermusters malen.

Dauer: etwa 90
Minuten pro Hand.

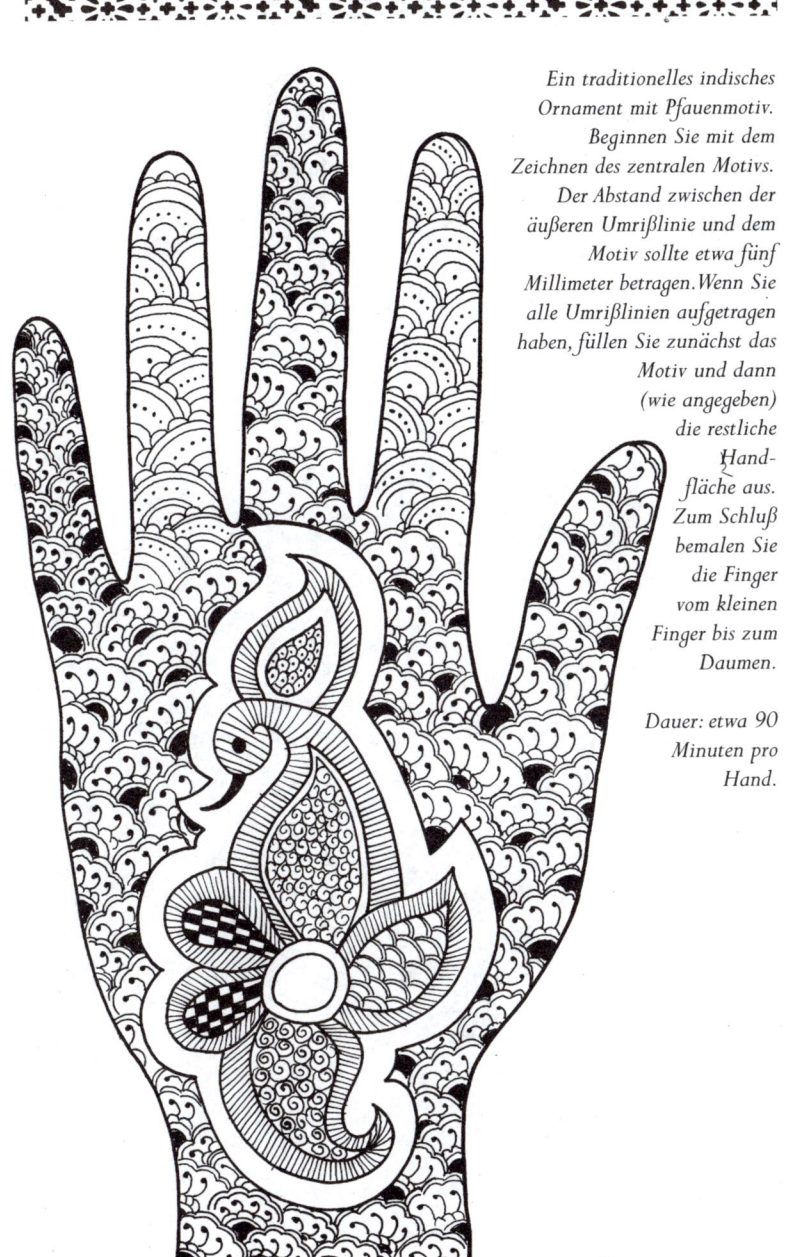

Ein traditionelles indisches Ornament mit Pfauenmotiv. Beginnen Sie mit dem Zeichnen des zentralen Motivs. Der Abstand zwischen der äußeren Umrißlinie und dem Motiv sollte etwa fünf Millimeter betragen. Wenn Sie alle Umrißlinien aufgetragen haben, füllen Sie zunächst das Motiv und dann (wie angegeben) die restliche Handfläche aus. Zum Schluß bemalen Sie die Finger vom kleinen Finger bis zum Daumen.

Dauer: etwa 90 Minuten pro Hand.

59

Ein Ornament für den Handrücken, bei dem sich traditionelle Muster mit der
modernen Form des quer über
die Hand verlaufenden Bandes
verbinden. Für dieses Ornament
beginnt man am besten an den
Fingern und arbeitet dann von
oben nach unten weiter, um die
Muster nicht zu verwischen.

Dauer: etwa 30 Minuten
pro Hand.

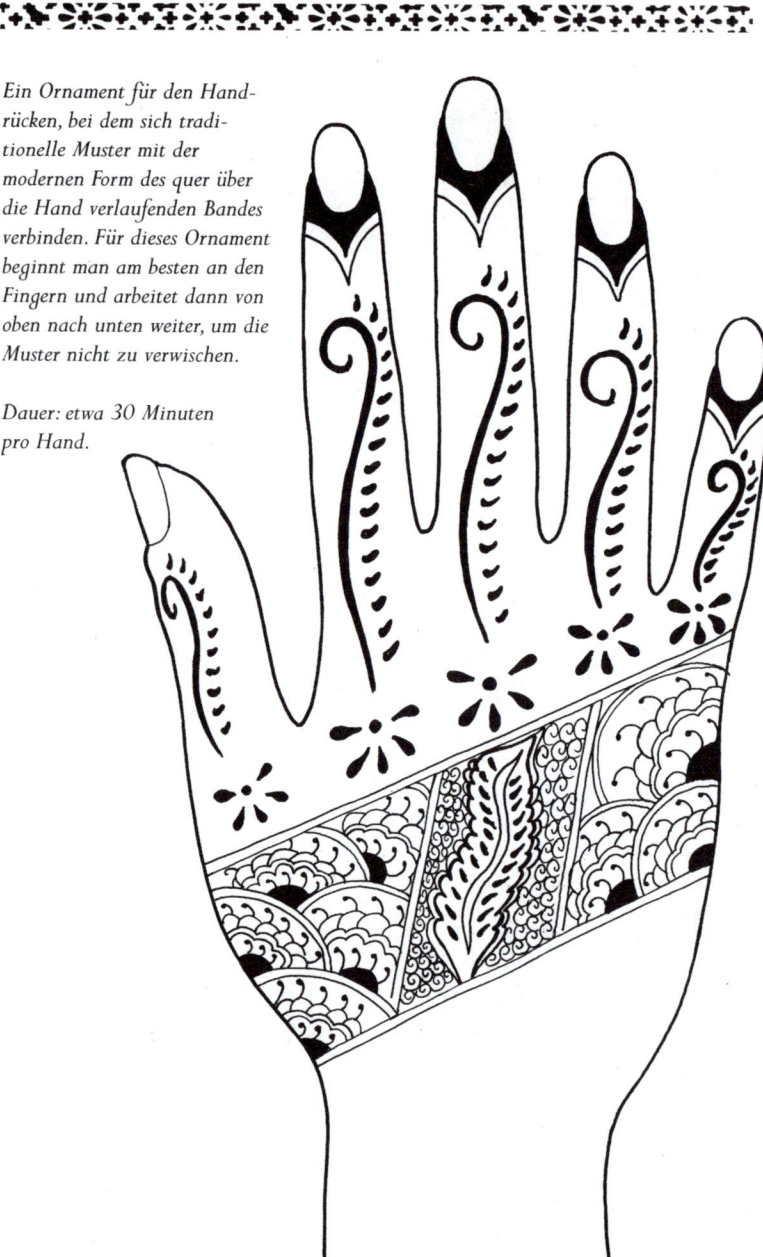

Beginnen Sie mit den Blättern,
die sich vom Handgelenk bis in
die Mitte der Handfläche
ziehen, und zeichnen Sie dann
das Paisley-Motiv im Zentrum
des Ornaments. Jetzt werden die
Blätter am Rand beziehungs-
weise über dem zentralen Motiv
aufgetragen und ausgefüllt.
Bemalen Sie dann die Finger,
und zwar von links nach rechts,
um das Ornament nicht zu
verwischen.
Schließlich
füllen Sie die
Fläche von
Daumen und
restlicher
Handfläche mit
einem kleineren
Muster aus. Das
Ornament sollte
bis gerade über
das Handgelenk
reichen.

*Dauer: etwa
1 Stunde pro Hand.*

Henna-Tattoos an den Füßen sind inzwischen beinahe genauso „in" wie auf den Händen. Ursprünglich trugen vor allem Bräute diese Form des Fußschmucks, der in den heißen Klimazonen zugleich Schutz und Kühlung für die Fußsohlen bedeutete. Es gibt sowohl sehr einfache als auch äußerst komplizierte Ornamente für die Füße. Das unten gezeigte Muster folgt einem traditionellen Vorbild und ist so aufwendig, daß es normalerweise wohl nur für eine Braut angefertigt worden wäre.

Beginnen Sie mit dem Aufmalen des V-förmigen Bandes in der Mitte des Fußes, und zeichnen Sie dann den Halbkreis darüber und füllen ihn aus. Vollenden Sie den oberen Teil des Ornaments, indem Sie die Blätter und das Band um den Knöchel malen. Gehen Sie nun zum unteren Teil des Ornaments über. Zum Schluß bemalen Sie die Zehen.

Dauer: etwa 45 Minuten pro Fuß.

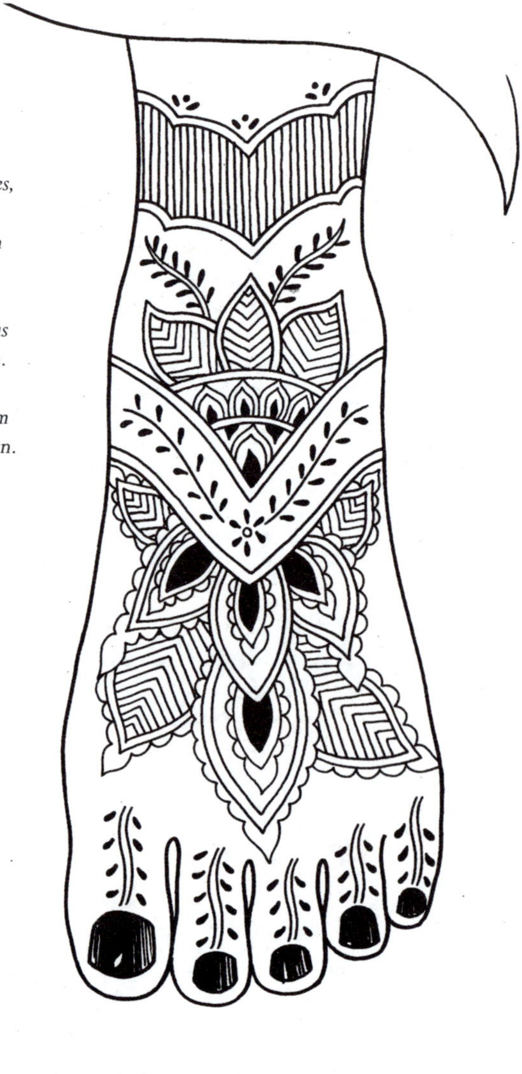

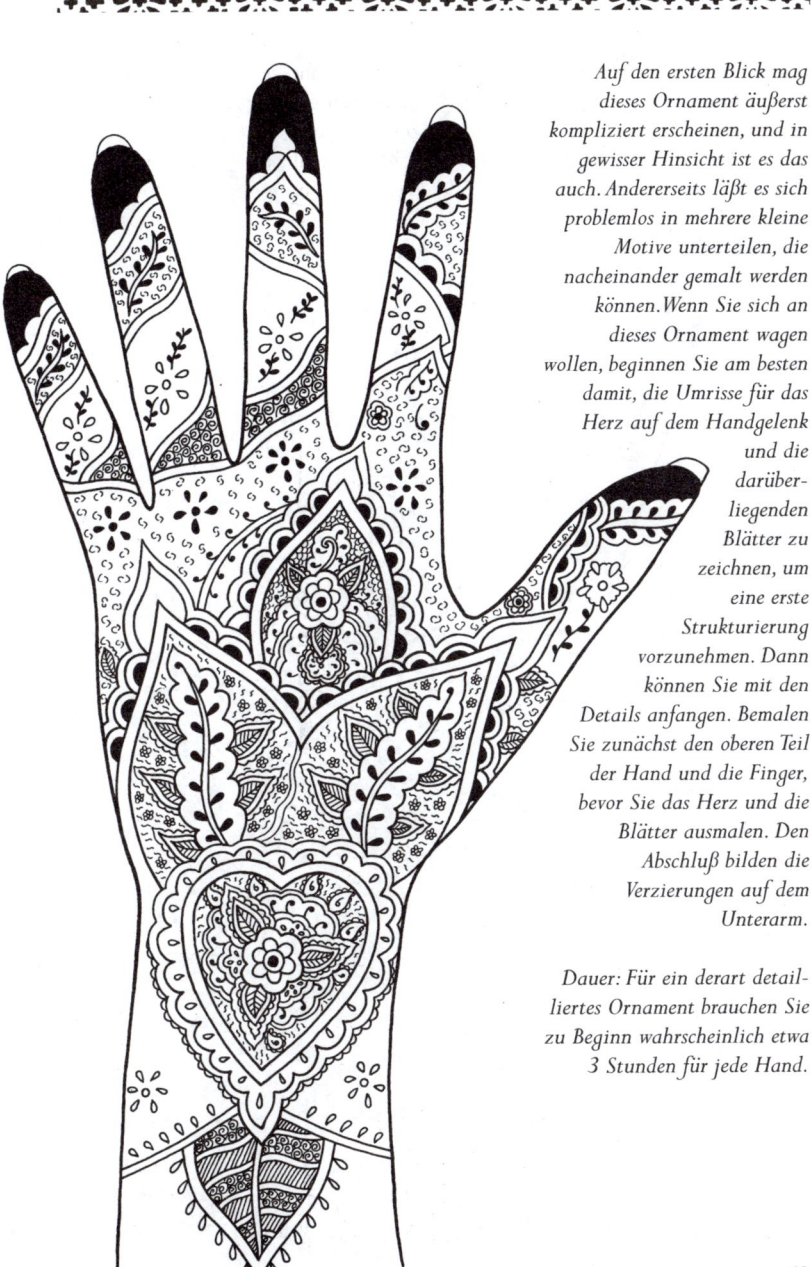

Auf den ersten Blick mag dieses Ornament äußerst kompliziert erscheinen, und in gewisser Hinsicht ist es das auch. Andererseits läßt es sich problemlos in mehrere kleine Motive unterteilen, die nacheinander gemalt werden können. Wenn Sie sich an dieses Ornament wagen wollen, beginnen Sie am besten damit, die Umrisse für das Herz auf dem Handgelenk und die darüberliegenden Blätter zu zeichnen, um eine erste Strukturierung vorzunehmen. Dann können Sie mit den Details anfangen. Bemalen Sie zunächst den oberen Teil der Hand und die Finger, bevor Sie das Herz und die Blätter ausmalen. Den Abschluß bilden die Verzierungen auf dem Unterarm.

Dauer: Für ein derart detailliertes Ornament brauchen Sie zu Beginn wahrscheinlich etwa 3 Stunden für jede Hand.

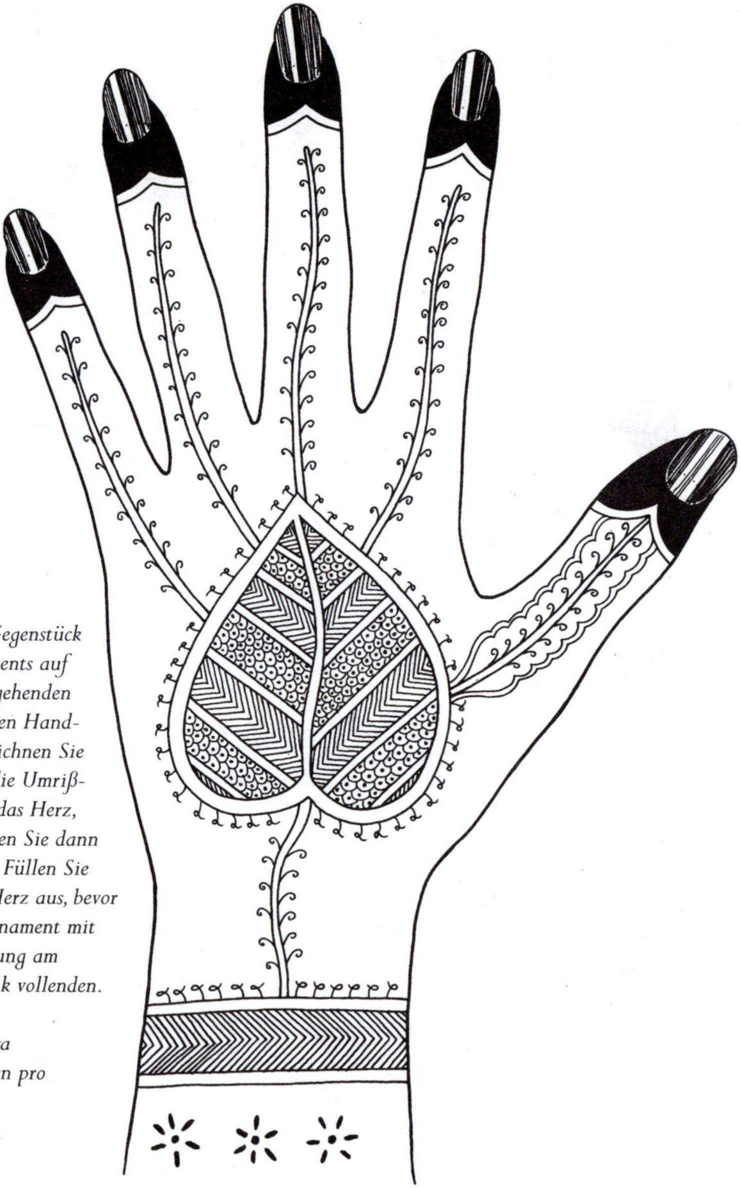

Hier das Gegenstück
des Ornaments auf
der vorhergehenden
Seite für den Hand-
rücken. Zeichnen Sie
zunächst die Umriß-
linien für das Herz,
und bemalen Sie dann
die Finger. Füllen Sie
jetzt das Herz aus, bevor
Sie das Ornament mit
der Verzierung am
Handgelenk vollenden.

Dauer: etwa
30 Minuten pro
Hand.

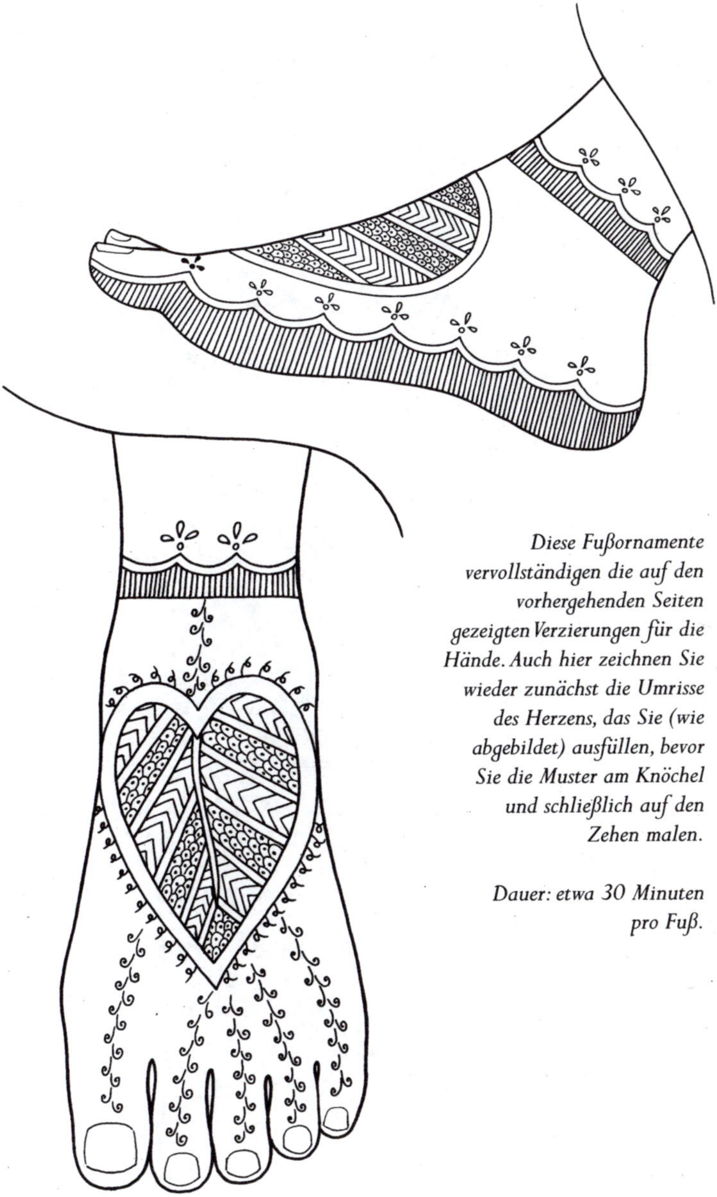

Diese Fußornamente
vervollständigen die auf den
vorhergehenden Seiten
gezeigten Verzierungen für die
Hände. Auch hier zeichnen Sie
wieder zunächst die Umrisse
des Herzens, das Sie (wie
abgebildet) ausfüllen, bevor
Sie die Muster am Knöchel
und schließlich auf den
Zehen malen.

Dauer: etwa 30 Minuten
pro Fuß.

Diesem traditionellen Ornament wurde durch die die
geometrischen Figuren
betonende Linienführung
ein moderner Touch
verliehen. Beginnen Sie,
indem Sie die
Umrisse des
Herzens und
des darüber-
liegenden
Bogens zeichnen,
bevor Sie beide
Motive (wie
angegeben) mit
Mustern ausfüllen.
Arbeiten Sie von unten
nach oben bis zu den
Fingerspitzen, und
stellen Sie zum Schluß
die Verzierungen am
Handgelenk fertig.

Dauer: etwa 90 Minuten
pro Hand.

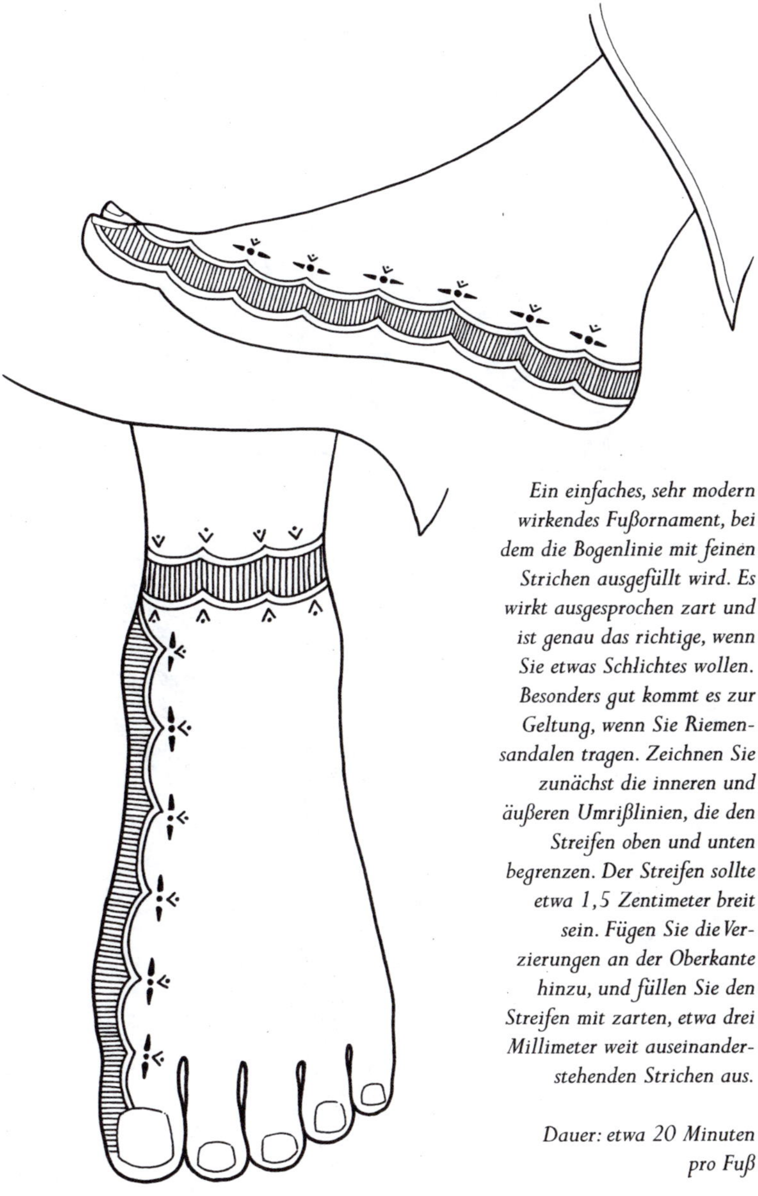

Ein einfaches, sehr modern wirkendes Fußornament, bei dem die Bogenlinie mit feinen Strichen ausgefüllt wird. Es wirkt ausgesprochen zart und ist genau das richtige, wenn Sie etwas Schlichtes wollen. Besonders gut kommt es zur Geltung, wenn Sie Riemensandalen tragen. Zeichnen Sie zunächst die inneren und äußeren Umrißlinien, die den Streifen oben und unten begrenzen. Der Streifen sollte etwa 1,5 Zentimeter breit sein. Fügen Sie die Verzierungen an der Oberkante hinzu, und füllen Sie den Streifen mit zarten, etwa drei Millimeter weit auseinanderstehenden Strichen aus.

Dauer: etwa 20 Minuten pro Fuß

67

Auch dieses Ornament wirkt auf den ersten Blick äußerst komplex. Doch wenn Sie es sich genauer ansehen, werden Sie merken, daß es sich leicht in einzelne Motiv-gruppen aufsplitten läßt. Beginnen Sie mit dem zentralen Motiv, den beiden Herzen, bevor Sie das Paisley und die Linien, die beide Motive voneinander trennen, zeichnen. Die Finger bemalen Sie, nachdem Sie die Handfläche ausgefüllt haben. Abschließend tragen Sie die Verzierungen unterhalb des Paisley-Motivs auf, die etwa bis zur Mitte des Unterarms reichen.

Dauer: bis zu 2 Stunden pro Hand.

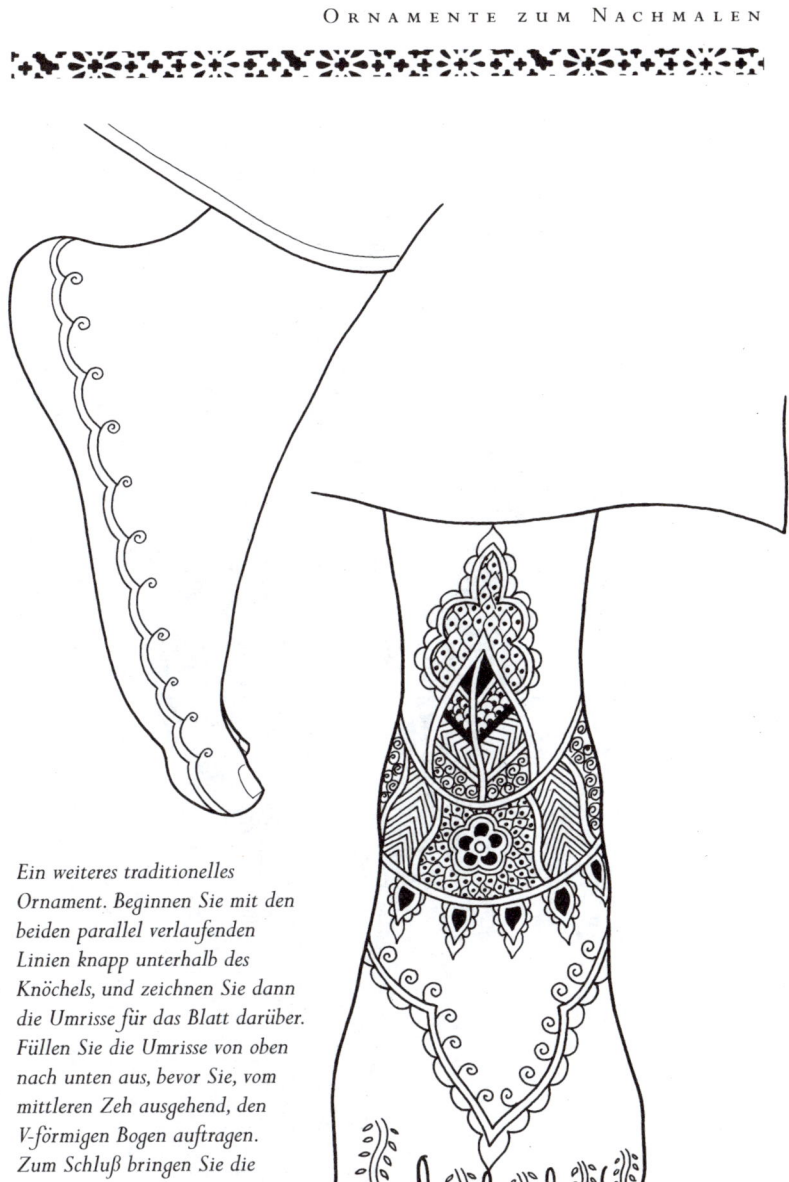

Ein weiteres traditionelles
Ornament. Beginnen Sie mit den
beiden parallel verlaufenden
Linien knapp unterhalb des
Knöchels, und zeichnen Sie dann
die Umrisse für das Blatt darüber.
Füllen Sie die Umrisse von oben
nach unten aus, bevor Sie, vom
mittleren Zeh ausgehend, den
V-förmigen Bogen auftragen.
Zum Schluß bringen Sie die
Verzierungen auf den Zehen an.

Dauer: etwa 35 Minuten pro Fuß.

Das äußerst komplizierte traditionelle Ornament wird wie ein Spiegelbild auf beiden Handflächen getragen. Bei den Bräuten, die zu mir kommen, um sich Mehndi-Tattoos anfertigen zu lassen, ist es außerordentlich beliebt, vor allem, wenn sie nach einem symmetrischen Ornament suchen. Beginnen Sie mit dem Paisley-Motiv und seiner Umrandung, bevor Sie zunächst die Finger (wie gezeigt) bemalen. Dann erst wird die Fläche um das Paisley-Motiv ausgefüllt. Dazu malen Sie, von oben nach unten arbeitend, winzig kleine Schnörkel auf den Handteller. Ziehen Sie nun die Linien an der Handwurzel, und füllen Sie die Felder aus. Zum Schluß verzieren Sie Handgelenk und Unterarm. Das Ornament sollte etwa bis zur Mitte des Unterarms reichen.

Dauer: Die Anfertigung dieses äußerst detailreichen Ornaments kann bis zu 5 Stunden dauern.

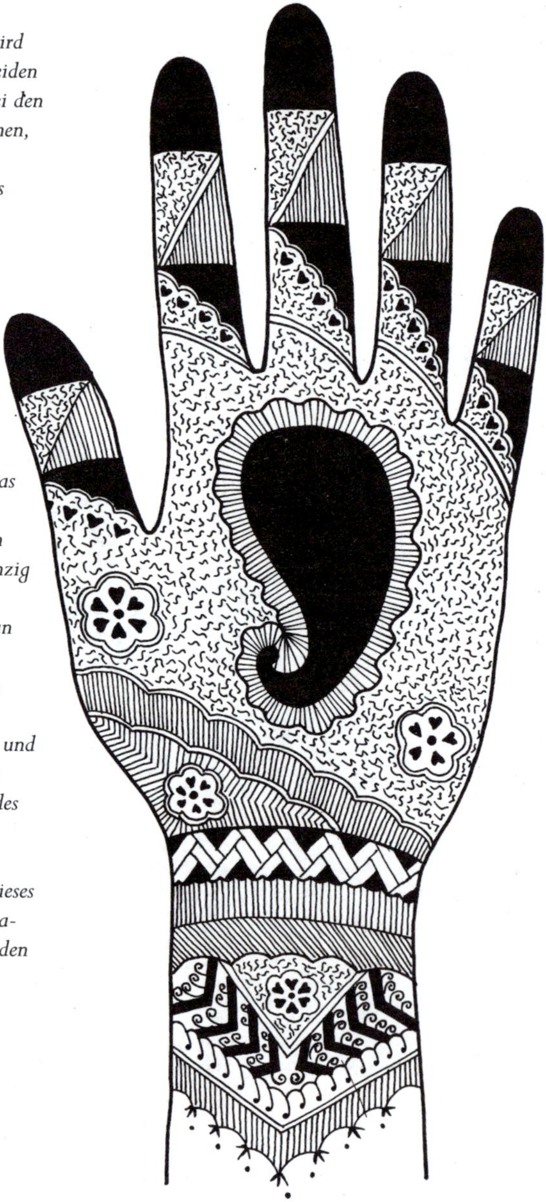

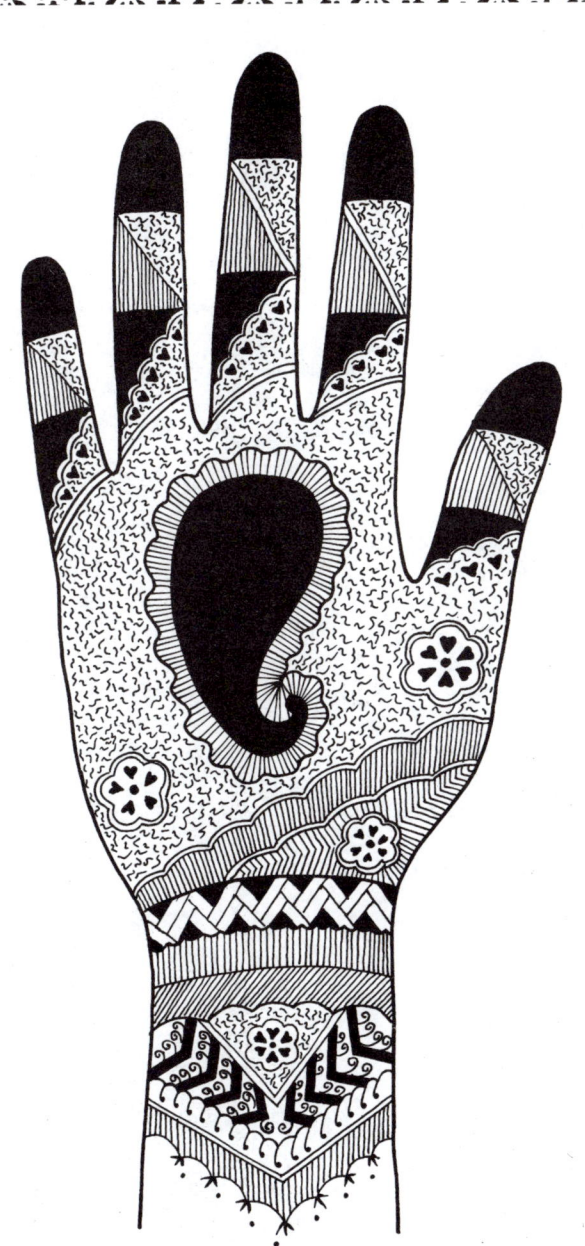

BEZUGSQUELLEN

ALC-COSMETIC
27804 Berne-Ganspe, Kranichstr. 2, Tel. 0 44 06-61 44, Fax 0 44 06-53 63
ART WITH LOVE
20095 Hamburg, Behringstr. 28a, Tel. 0 40-39 92 32 13
BEATES NATURLADEN
72116 Mössingen, Fall-Tor-Str. 80, Tel. 0 74 73-27 26 82, Fax 0 74 73-27 24 71
BELLA CURIOSA
24937 Flensburg, Nordergraben 24, Tel. 04 61-2 98 26, Fax 0461-18 08 17
BIOSHOP
53840 Troisdorf, Kölner Str. 36a, Tel. 0 22 41-97 80 91, Fax 0 22 03-5 73 07
BIOTHEK
74348 Lauffen a. N., Brückenstr. 19, Tel. 0 71 33-2 25 44
BRENNESSEL
80799 München, Türkenstr. 60, Tel. 0 89-28 03 03, Fax 0 89-2 80 20 49
85354 Freising, Untere Hauptstr. 45, Tel. 0 81 61-4 19 99
COLETTE
23552 Lübeck, Kapitelstr. 5, Tel. 04 51-7 07 08 69, Fax 04 51-7 07 07 00
DUFT & SCHÖNHEIT
80331 München, Sendlingerstr. 46, Tel. und Fax 0 89-2 60 82 59
HEXENKÜCHE
82152 Krailling, Luitpoldstr. 25, Tel. 0 89-8 59 31 35, Fax 0 89-8 59 31 36
HOBBY KOSMETIK
86153 Augsburg, Lechhauserstr. 3, Tel. 08 21-5 53 46, Fax 08 21-51 39 45
84559 Kraiburg, Hochfellnstr. 2
97456 Dittelbrunn, Erlenstr. 25, Tel. 0 97 21-4 41 90
HOBBY-KOSMETIK HAAG
74821 Mosbach, Entengasse 4, Tel. 0 62 61-1 40 20
JANSON
76133 Karlsruhe, Kaiserpassage 16, Tel. 07 21-2 64 10, Fax 07 21-2 77 80
JOJOBA NATURPRODUKTE
57076 Siegen-Weidenau, Bismarckstr. 5 / Siegerlandzentrum
        Tel. 02 71-79 02 01, Fax 02 71-7 38 66
KNACK-PUNKT
73230 Kirchheim, Alleenstr. 87, Tel. / Fax 0 70 21-4 17 26
KOSMETIK-BAZARE
28203 Bremen, Ostertorsteinweg 25-26, Tel. 04 21-70 16 99, Fax 04 21-7 55 31
30159 Hannover, Knochenhauer Str. 6, Tel. 05 11-32 62 36, Fax 0 51 37-9 42 93

30890 Barsinghausen, Breite Str. 7, Tel./Fax 0 51 05-6 05 60

31582 Nienburg, Georgstr. 11, Tel. 0 50 21-1 28 25, Fax 0 50 21-91 22 42

31785 Hameln, Thiewall 4, Tel./Fax 0 51 51-2 25 76

32257 Bünde, Bahnhofstr. 31, Tel. 0 52 23-51 33, Fax 0 52 32-7 12 19

32756 Detmold, Paulinenstr. 9, Tel. 0 52 31-3 96 14, Fax 0 52 31-3 96 91

33615 Bielefeld, Arndtstr. 51, Tel. 05 21-13 10 08, Fax 0 52 32-7 12 19

34414 Warburg, Hauptstr. 46, Tel. 0 56 41-23 11, Fax 0 56 41-6 06 48

35037 Marburg, Augustinergasse, Tel. 0 64 21-16 13 63, Fax 06 41-7 64 50

35390 Gießen, Frankfurter Str. 1, Tel. 06 41-7 69 79, Fax 06 41-7 64 50

37671 Höxter, Am Markt 2 a, Tel./Fax 0 52 71-38 00 95

45130 Essen, Alfredstr. 43, Tel./Fax 02 01-79 64 13

48143 Münster, Ludgeristr. 68, Tel. 02 51-51 85 05, Fax 02 51-9 89 18

48431 Rheine, Matthiasstr. 5, Tel. 0 59 71-1 54 21, Fax 0 59 71-21 70

53721 Siegburg, Holzgasse 47, Tel./Fax 0 22 41-59 09 42

58511 Lüdenscheid, Ringmauerstr. 5, Tel. 0 23 51-17 93 99, Fax 0 23 51-17 93 90

59555 Lippstadt, Blumenstr. 1, Tel. 0 29 41-7 84 66, Fax 0 29 47-52 76

63924 Kleinheubach, Dientzenhofer Str. 14, Tel./Fax 0 93 71-6 88 61

65183 Wiesbaden, Wagemannstr. 3, Tel. 06 11-37 93 70, Fax 0 61 24-33 29

67655 Kaiserslautern, Grüner Graben 3, Tel./Fax 06 31-9 25 27

71638 Ludwigsburg, Leonberger Str. 29, Tel./Fax 0 71 41-92 77 63

73728 Esslingen, Küferstr. 37, Tel./Fax 07 11-35 56 05

75172 Pforzheim, Bahnhofstr. 9, Tel. 0 72 31-3 32 54, Fax 0 74 52-6 70 25

97464 Oberwerrn, Bergstr. 7, Tel./Fax 0 97 26-33 19

KOSMETIK SHOP LAVENDULA

49090 Osnabrück, Natruper Str. 128, Tel. /Fax 05 41-68 34 72

KOSMETIK ZUM SELBERMACHEN

93133 Burglengenfeld, Robert-Schumann-Str. 10, Tel. /Fax 0 94 71-68 35

92421 Schwandorf, Friedrich-Ebert-Str. 51, Tel. 0 94 31-4 36 66

KOSMETIK ZUM SELBERMACHEN

85049 Ingolstadt, Sauerstr. 9, Tel. 08 41-3 37 11

LA VITA

84028 Landsberg, Isargestade 732, Tel. 08 71-2 44 24

McQUEEN'S NATURSHOP

22880 Wedel, EKZ Rosengarten 6b, Tel. 0 41 03-1 49 50

MARGOTS BIOECKE

51143 Köln-Porz, Josefstr. /Ladenzeile Busbahnhof,
      Tel. 0 22 03-5 52 42, Fax 0 22 03-5 73 07

NATUR PUR

06108 Halle, Kuhgasse 8, Tel. 03 45-2 03 22 85

NATURWARENLADEN LÖSCHNER

97447 Gerolzhofen, Weiße-Turm-Str. 1, Tel. 0 93 82-41 15, Fax 0 93 82-56 92

OMIKRON

74382 Neckarwestheim, Ländelstr. 32, Tel. 0 71 33-1 70 81, Fax 0 71 33-1 74 65

PAPILLON - Die andere Pflege

71063 Sindelfingen, Lützelwiesenstr. 17, Tel. 0 70 31-80 07 74

POTPOURRI NATURE SHOP

71263 Weil der Stadt, Katharinenstr. 4, Tel. 0 70 33-53 39 92, Fax 0 70 33-53 39 91

PUDERDOSE

67549 Worms, Zornstr. 2, Tel. 0 62 41-59 40 44, Fax 0 62 41-59 51 22

PURA NATURA

90402 Nürnberg, Johannesgasse 55, Tel. 09 11-20 95 22, Fax 09 11-2 44 75 07

REFORMHAUS MARION THOMAS

08289 Schneeberg, Scheunenstr. 9, Tel. 0 37 72-2 57 54

REIN & FEIN Jutta Homm GMBH

82256 Fürstenfeldbruck, Münchner Str. 25, Tel. 0 81 41-45 48

81241 München-Pasing, Planeggerstr. 9a, Tel. 0 89-83 06 93, Fax 0 89-82 90 94 20

82140 Olching, Schillerstr. 1

SPINNRAD GMBH/ZENTRALE

45886 Gelsenkirchen, Am Luftschacht 3a, Tel. 02 09-1 70 00-0, Tx. 82 47 26 natur d,
    Fax. 02 09-1 70 00-40

Auslieferungsläden:

01219 Dresden-Nickern, Kaufpark, Dohnaer Str 246, Tel. 03 51-2 88 20 89

04104 Leipzig-City, DLZ im Hauptbahnhof, Tel. 03 51-9 61 22 05

04329 Leipzig, Paunsdorf-Center, Paunsdorfer Allee 1, neben Kaufland,
    Tel. 03 41-2 51 89 06

06254 Günthersdorf, Saale Park, Tel. 0 34 63-82 08 03

07743 Jena, Goethe Galerie/Goethestr., neben HV Jena Optik,
    Tel. 0 36 41-89 09 06

09125 Chemnitz, Alt-Chemnitz Center, Annaberger-Str. 3 15, Tel. 03 71-51 42 26

10247 Berlin-Friedrichshain, Frankfurter Allee 53, Tel. 0 30-4 27 61 61

10719 Berlin-Wilmersdorf, Uhlandstr. 43-44, Tel. 0 30-8 81 48 48

10789 Berlin-Charlottenburg, Europacenter/Eingang Tauentzien Str.,
    Tel. 0 30-2 61 61 06

12163 Berlin-Steglitz, Forum Steglitz, Schloßstr. 1, Tel. 0 30-7 91 10 80

12351 Berlin-Gropiusstadt, Gropius-Passagen, Johannisthaler Chaussee 295,
    Tel. 0 30-6 03 04 62

12555 Berlin Köpenick, Forum Köpenick, Bahnhofstr. 33-38, Tel. 0 30-6 52 00 08

12619 Berlin-Hellersdorf, Spree-Center, Hellersdorferstr. 79-81,
    Tel. 0 30-5 61 20 81

13055 Berlin-Hohenschönhausen, Allee-Center, Landsberger Allee 277,
    Tel. 0 30-97 60 94 36

13357 Berlin-Wedding, Gesundbrunnen-Center, Badstr. 5, Tel. 0 30-49 30 89 39

15745 Wildau, A10-Center an der BAB 10, Nähe Megapark, Tel. 0 33 75-5 50 46 96

16303 Schwedt, Oder Center, Landgrabenplatz 1, Tel. 0 33 32-42 19 42

18055 Rostock, Rostocker Hof/Kröpeliner Str., Tel. 03 81-4 92 32 81

20146 Hamburg-Rotherbaum, Grindelallee 42, Tel. 0 40-4 10 60 96

21335 Lüneburg, Grapengießer Str. 25, Fußgängerzone, Tel. 0 41 31-40 64 27

22111 Hamburg-Billstedt, Billstedt-Center, Billstedter Platz 39,
    Tel. 0 40-73 67 98 08

22143 Hamburg-Rahlstedt, Rahlstedt-Center, Schweriner-Str. 8-12,
    Tel. 0 40-6 77 90 44

22765 Hamburg-Ottensen, Mercador-Center, Ottenser Hauptstr. 8,
    Tel. 0 40-39 23 10

22850 Norderstedt-Garstedt, Herold Center, Berliner Allee 38-44,
    Tel. 0 40-52 88 37 30

22869 Schenefeld, Stadtzentrum Schenefeld, Kiebitzweg 2/Industriestr.

23552 Lübeck, Mühlenstr. 11, Tel. 04 51-7 06 33 07

24103 Kiel, Holstenstr. 34, Holstenbrücke, Ahlmann-Haus, Tel. 04 31-97 87 28

24534 Neumünster, Marktpassage, Großflecken 51-53, Tel. 0 43 21-4 16 33

24937 Flensburg, Große Str. 3, Tel. 04 61-1 37 61

25524 Itzehoe, Holstein-Center, Feldschmiedekamp 6, Tel. 0 48 21-6 51 06

26122 Oldenburg, Gaststr. 26, Fußgängerzone, Tel. 04 41-2 54 93

26382 Wilhelmshaven, Nordseepassage, Bahnhofsplatz 1, Tel. 0 44 21-45 53 08

26506 Norden, Neuer Weg 38, Fußgängerzone, Tel. 0 49 31-99 28 59

27568 Bremerhaven, Bürgermeister-Smidt-Str. 53, Fußgängerzone,
    Tel. 04 71-4 42 03

27749 Delmenhorst, City Point/Karstadt, Lange Str. 96, Tel. 0 42 21-12 93 31

28195 Bremen-City, Bremer Carré, Obernstr. 67, Tel. 04 21-1 69 19 32

28203 Bremen-Steintor, Ostertorsteinweg 42/43, Tel. 04 21-3 39 90 43

28259 Bremen-Huchting, Roland-Center, Alter Dorfweg 30-50,
    Tel. 04 21-5 79 85 06

30159 Hannover-City, Georgstr. 7, Tel. 05 11-7 00 08 15

30823 Garbsen-Mitte, Einkaufszentrum Mitte, Havelser-/Berenbosteler-Str.,
    Tel. 0 51 31-47 62 53

30853 Langenhagen, City-Center, Marktplatz 5, Tel. 05 11-7 24 24 88

30880 Laatzen, Leine EKZ, Tel. 05 11-8 23 67 00

31134 Hildesheim, Angoulemeplatz 2, Fußgängerzone, Tel. 0 51 21-5 73 11

31785 Hameln, Bäckerstr. 40, Tel. 0 51 51-95 86 06

32052 Herford, Lübbestr. 12-20, Anfang Fußgängerzone, Tel. 0 52 21-52 96 54

32423 Minden, Bäckerstr. 72, Ende Fußgängerzone, Tel. 05 71-8 75 80

32756 Detmold, Lange Str. 36, Fußgängerzone, Tel. 0 52 31-3 76 95

33098 Paderborn, EKZ/Königsplatz 12, Fußgängerzone, Tel. 0 52 51-28 17 59

33330 Gütersloh, Münsterstr. 6, Tel. 0 52 41-23 70 71

33602 Bielefeld, Marktpassage/im EG, Bahnhofstr., Tel. 05 21-6 61 52

34117 Kassel, Untere Königstr. 52; Fußgängerzone, Tel. 05 61-1 43 39

35390 Gießen, Kaplansgasse 2-4, Tel. 06 41-79 23 93; 35576 Wetzlar, Langgasse 39, Tel. 0 64 41-4 69 52

36037 Fulda, City-Haus/Laden 6, Bahnhofstr. 4, Tel. 06 61-24 06 38

37073 Göttingen, Gronerstr. 57/58, Tel. 05 51-4 47 00

38100 Braunschweig-City, Sack 2, Tel. 05 31-4 20 33

38226 Salzgitter, Fischzug 12, Tel. 0 53 41-17 87 29

38440 Wolfsburg, Südkopfcenter, Porschestr. 1 02, Tel. 0 53 61-1 50 04

38640 Goslar, Kaiserpassage, Breite Str. 98, Tel. 0 53 21-4 39 63

39104 Magdeburg-City, City Carré, Kantstr. 5a, gegenüber Hauptbahnhof, Tel. 03 91-5 66 67 40

39326 Hermsdorf, Elbe Park EKZ, Tel. 03 92 06-5 22 07

40212 Düsseldorf-City, Schadowstr. 80, Tel. 02 11-35 71 05

40217 Düsseldorf-Friedrichstadt, Friedrichstr. 12, Tel. 02 11-3 85 94 44

40477 Düsseldorf-Derendorf, Nordstr. 79-81, gegenüber Tschibo

40721 Hilden, Bismarckpassage, zwischen Mittelstr. und Warington-Platz, Tel. 0 21 03-58 19 37

40878 Ratingen, Obernstr. 29, Fußgängerzone, Tel. 0 21 02-99 38 01

41061 Mönchengladbach-City, Hindenburgstr. 173, Fußgängerzone, Tel. 0 21 61-2 27 28

41236 Mönchengladbach-Rheydt, Galerie am Marienplatz, Stresemannstr. 1-7, Tel. 0 21 66-61 97 39

41460 Neuss, Zollstr. 1-7, Ecke Oberstr., Tel. 0 21 31-27 67 08

41539 Dormagen, Kölner Str. 98, Rathaus-Galerie, Tel. 0 21 33-4 90 45

41747 Viersen, Hauptstr. 85, Fußgängerzone, Tel. 0 21 62-35 05 49

42103 Wuppertal-Elberfeld, Herzogstr. 28, Fußgängerzone, Tel. 02 02-44 12 81

42275 Wuppertal-Barmen, Alter Markt 7, Am Kaufhof, Tel. 02 02-55 17 53

42551 Velbert, Friedrichstr. 1 68, Fußgängerzone, Tel. 0 20 51-5 27 27

42651 Solingen, Hauptstr. 28, Fußgängerzone, Tel. 02 12-20 40 41

42853 Remscheid, Alleestr. 30, Fußgängerzone, Tel. 0 21 91-42 08 67

44135 Dortmund-City, Bissenkamp 12-16, Nähe Neubau Boecker, Tel. 02 31-57 89 36

44575 Castrop-Rauxel, EKZ Widumer Platz, Tel. 0 23 05-2 72 15

44623 Herne, Bahnhofstr. 45, Fußgängerzone/Ecke Neustr., Tel. 0 23 23-5 30 21

44787 Bochum-City, Kortumstr. 33, Fußgängerzone, Tel. 02 34-6 61 23

44791 Bochum-Harpen, Ruhrpark Shopping Center, Tel. 02 34-23 85 16

44801 Bochum-Querenburg, Uni-Center Querenburg, Querenburger Höhe 111, Tel. 02 34-70 86 78

45127 Essen-City, City-Center, Porscheplatz 21, Tel. 02 01-22 12 95

45276 Essen-Steele, Bochumer Str. 16, Fußgängerzone, Tel. 02 01-51 21 04

45329 Essen-Altenessen, EKZ Altenessen, Altenessener Str. 411, Tel. 02 01-33 36 17

45468 Mühlheim-City, Forum City, Hans-Böckler-Platz 10, Tel. 02 08-3 49 07

45472 Mülheim-Heißen, Rhein-Ruhr-Zentrum, Eingang Süd Z1, Tel. 02 08-49 81 92

45525 Hattingen, Obermarkt 1, Fußgängerzone, Tel. 0 23 24-5 56 91

45657 Recklinghausen, Kunibertistr. 28, Am Kuniberti-Tor, Fußgängerzone,
    Tel. 0 23 61-2 41 94

45768 Marl-Mitte, EKZ Marler Stern, Obere Ladenstr. 68, Tel. 0 23 65-5 64 29

45879 Gelsenkirchen-City, Klosterstr. 13, Tel. 02 09-20 89 63

45897 Gelsenkirchen-Buer, Horsterstr. 4, Tel. 02 09-39 88 89

45964 Gladbeck, Hochstr. 29-31, Fußgängerzone, Tel. 0 20 43-2 12 93

46047 Oberhausen-Neue Mitte, CentrO/Neue Mitte Oberhausen, Marktweg,
    Tel. 02 08-2 19 70

46049 Oberhausen, Bero-Center 1 10, Eingang Nord 1, Tel. 02 08-2 70 65

46236 Bottrop, Kirchplatz 4, Fußgängerzone, Tel. 0 20 41-68 44 84

46282 Dorsten, Recklinghäuserstr. 4, Tel. 0 23 62-4 57 48

46483 Wesel, Hohe Str. 26, Fußgängerzone, Tel. 02 81-3 47 94

46535 Dinslaken, Neustr. 31-33, Fußgängerzone, Tel. 0 20 64-7 23 28

47051 Duisburg-City, Königstr. 42, Fußgängerzone, Tel. 02 03-28 44 97

47441 Moers, EKZ Neumarkt-Eck, am Rathaus, Tel. 0 28 41-2 37 71

47798 Krefeld-City, Hansa Zentrum 42/43, am Hauptbahnhof, Tel. 0 21 51-39 56 35

47798 Krefeld-City, Neumarkt 2, Tel. 0 21 51-2 25 47

48143 Münster, Ludgeristr. 114, Tel. 02 51-4 23 52

48282 Emsdetten, EKZ Villa Nova, Bahnhofstr. 2-8, Tel. 0 25 72-8 84 47

48431 Rheine, Münsterstr. 6, Fußgängerzone, Tel. 0 59 71-1 35 48

48653 Coesfeld, Schüppenstr. 12, Tel. 0 25 41-8 27 47

49074 Osnabrück, Große Str. 84-85, Neue Passage, Tel. 05 41-20 13 73

50672 Köln-City, Bazaar de Cologne/Mittelstr. 12-14, Tel. 02 21-25 66 06

50678 Köln-Südstadt, Severinstr. 53, Tel. 02 21-3 10 00 18

50765 Köln-Chorweiler, City Center Chorweiler, Mailänder Passage 1,
    Tel. 02 21-7 08 89 40

50823 Köln-Ehrenfeld, Venloerstr. 336, Tel. 02 21-5 10 33 42

51373 Leverkusen, Hauptstr. 73, Fußgängerzone, Tel. 02 14-40 31 31

52062 Aachen-City, Rethelstr. 3, Ecke Büchel, am Markt, Tel. 02 41-2 52 54

52062 Aachen-City, Adalbertstr. 1 10, Tel. 02 41-2 04 53

52222 Stolberg, Rathausgalerie, Steinweg 83-89, Tel. 0 24 02-2 12 45

52249 Eschweiler, Grabenstr. 66, Fußgängerzone, Tel. 0 24 03-1 52 86

52349 Düren, Josef-Schregel-Str. 48, Tel. 0 24 21-1 00 82

53111 Bonn-City, Poststr. 4, am Hauptbahnhof, Tel. 02 28-63 66 67

53177 Bonn-Bad Godesberg, Theaterplatz 2, Tel. 02 28-35 10 75

53757 St. Augustin-Ort, Huma EKZ, Rathausallee 16, Tel. 0 22 41-2 70 40

53879 Euskirchen, Kino-Center-Galeria, Eingang neben C&A, Tel. 0 22 51-78 21 91

54290 Trier, Fleischstr. 11, Fußgängerzone, Tel. 06 51-4 82 37

55116 Mainz-Altstadt, Kirschgarten 4, Tel. 0 61 31-22 81 41

55116 Mainz-City, Lotharstr. 9, Fußgängerzone, Tel. 0 61 31-23 83 73

56068 Koblenz, Löhrstr. 16-20, Fußgängerzone, Tel. 02 61-1 49 25

56564 Neuwied, Langendorfer Str. 1 11, Fußgängerzone, Tel. 0 26 31-35 76 61

57072 Siegen, Marburger Str. 34, Oberstadt, Tel. 02 71-5 45 40

58095 Hagen, Elberfelderstr. 64, Tel. 0 23 31-1 74 38

58239 Schwerte, Hüsingstr. 22-24, Tel. 0 23 04-99 02 93

58452 Witten, Bahnhofstr. 38, Fußgängerzone, Tel. 0 23 02-27 51 22

58511 Lüdenscheid, EKZ Stern Center/Eingang Altenaer Str., Tel. 0 23 51-2 29 07

58636 Iserlohn, Alter Rathausplatz 7, Tel. 0 23 71-2 32 96

59065 Hamm, Bahnhofstr. 1c, Tel. 0 23 81-2 02 45

59227 Ahlen, Oststr. 44, Fußgängerzone, Tel. 0 23 82-80 66 77

59555 Lippstadt, Lippe-Galerie/Eingang Kahlenstr./Langestr., Tel. 0 29 41-5 83 32

60311 Frankfurt-City, Kaiserstr. 11, Tel. 0 69-29 14 81

60439 Frankfurt-Nordweststadt, Nord-West-Zentrum, Tituscorsostr. 2b,
    Tel. 0 69-58 48 00

63065 Offenbach, Herrenstr. 37, Am Rathaus, Tel. 0 69-82 56 48

63739 Aschaffenburg, City-Galerie, Goldbacherstr. 2, Tel. 0 60 21-1 26 62

64283 Darmstadt, Wilhelminenpassage, Tel. 0 61 51-2 20 78

64283 Darmstadt, Wilhelminenstr. 2, Fußgängerzone, Tel. 0 61 51-29 45 25

65183 Wiesbaden, Mauritius Galerie, 2. Ebene, Tel. 06 11-37 81 66

65549 Limburg, Bahnhofstr. 4, Tel. 0 64 31-2 57 66

66111 Saarbrücken, Dudweilerstr. 12, Tel. 06 81-3 90 89 94

66424 Homburg/Saar, Saarpfalz-Center, Talstr. 38a, Tel. 0 68 41-53 51

67059 Ludwigshafen, Bismarckstr. 1 06, Fußgängerzone, Tel. 06 21-52 66 64

67547 Worms, Obermarkt 12, Ecke Hafergasse, Tel. 0 62 41-8 86 42

67655 Kaiserslautern, Pirmasenser Str. 8, Fußgängerzone, Tel. 06 31-69 61 14

68159 Mannheim, Kurpfalzpassage, Tel. 06 21-15 46 62

68161 Mannheim, U 1,2, gegenüber Karstadt, Fußgängerzone, Tel. 06 21-1 56 04 25

69115 Heidelberg, „Das Carée", Rohrbacherstr. 6-8d, Tel. 0 62 21-16 68 25

70173 Stuttgart-City, Lautenschlagerstr. 3, am Hauptbahnhof, Tel. 07 11-29 14 69

70372 Stuttgart-Bad Cannstatt, Bahnhofstr. 1-5, Tel. 07 11-56 21 13

71084 Böblingen, Kaufzentrum, Sindelfinger Allee, Tel. 0 70 31-23 36 64

71638 Ludwigsburg, Marstall-Center, Fußgängerzone, Tel. 0 71 41-90 28 79

72070 Tübingen, Kirchgasse 2, Tel. 0 70 71-5 25 71

72764 Reutlingen, Metzgerstr. 4, Tel. 0 71 21-32 04 15

73430 Aalen, Marktplatz 20, Tel. 0 73 61-6 65 43

73728 Esslingen-City, Roßmarkt 1, Fußgängerzone, Tel. 07 11-35 01 99

73733 Esslingen-Weil, Neckar-Center, Weilstr. 2 27, Tel. 07 11-38 69 05

74072 Heilbronn, Sülmerstr. 34, Fußgängerzone, Tel. 0 71 31-96 21 38

75172 Pforzheim, Bahnhofstr. 10, Tel. 0 72 31-35 30 71

76133 Karlsruhe, Kaiserstr. 1 70, Tel. 07 21-2 48 45

76829 Landau, Rathausplatz 10, am Marktplatz, Tel. 0 63 41-8 58 18

77652 Offenburg, Steinstr. 28, Fußgängerzone, Tel. 07 81-16 65

78050 Villingen-Schwenningen, Niedere Str. 37, Tel. 0 77 21-3 25 75

78224 Singen, Scheffelstr. 9, Nähe Post, Tel. 0 77 31-6 86 42

78462 Konstanz, Hussenstr. 24, Fußgängerzone, Tel. 0 75 31-1 53 29

78532 Tuttlingen, Hecht Carré, Königstr. 2, Fußgängerzone Marktplatz,
Tel. 0 74 61-7 69 61

79098 Freiburg, Oberlindenpassage, Herrenstr. 49, Tel. 07 61-38 12 13

80331 München-City, Assamhof, Sendlingerstr. 66, Tel. 0 89-26 41 59

80797 München-Nordbad, Schleißheimer Str. 1 00/Ecke Görrestr.,
Tel. 0 89-1 23 86 85

83022 Rosenheim, Stadtcenter/Kufsteiner Str. 7/Brixstr., Tel. 0 80 31-3 35 36

83278 Traunstein, Maxstr. 33, Tel. 08 61-6 95 06

83395 Freilassing, Hauptstr. 29, Tel. 0 86 54-47 87 77

85057 Ingolstadt-West, West Park, Eingang A/B, Tel. 0 84 11-8 78 22

86150 Augsburg, Viktoriapassage, gegenüber Hauptbahnhof, Tel. 08 21-15 54 82

87435 Kempten, Fischersteige 4, Tel. 08 31-2 45 03

88212 Ravensburg, Eisenbahnstr. 8, Tel. 07 51-1 44 89

89077 Ulm-Weststadt, Blautal-Center, Blaubeurer Str. 95, Tel. 07 31-9 31 41 11

89231 Neu Ulm, Mutschler Center, Borsigstr. 15, Tel. 07 31-72 30 23

90402 Nürnberg-City, Grand Bazar,
Karolinenstr. 45/Ecke Krebs- und Brunnengasse, Tel. 09 11-23 25 33

90402 Nürnberg-City, Pfannenschmidsgasse 1, Nähe Lorenzkirche,
Tel. 09 11-2 44 88 34

90762 Fürth, City-Center, Alexanderstr. 11, Tel. 09 11-77 36 63

91054 Erlangen, Hauptstr. 46, Tel. 0 91 31-20 10 43

91126 Schwabach, Königstr. 2, am Marktplatz, Tel. 0 91 22-1 68 49

93047 Regensburg, Maximilianstr. 14, Ecke Königstr., Tel. 09 41-5 11 50

95028 Hof, Ludwigstr. 47, Tel. 0 92 81-36 41

96052 Bamberg, EKZ Atrium, Ludwigstr. 2, Tel. 09 51-20 25 88

96450 Coburg, Steinweg 24, Fußgängerzone, Tel. 0 95 61-9 94 14

97070 Würzburg, Kaiserstr. 16, Tel. 09 31-1 56 08

99085 Erfurt-Nord, Thüringen Park, im EG neben Quelle, Tel. 03 61-7 46 20 48

STELLA ESSENZEN

73066 Uhingen, Bleichereistr. 41, Tel. 0 71 61-93 96 30, Fax 0 71 61-93 96 31

STERNTALER NATURLADEN

42651 Solingen, Am Neumarkt 27, Tel. 02 12-1 03 32

42929 Wermelskirchen, Kölner Str. 36, Tel. 0 21 96-9 39 82

WASCH-UND PFLEGEECKE
91710 Gunzenhausen, Lindenstr. 2B, Tel. 0 98 31-74 29
YIN YANG
63897 Miltenberg, Hauptstr. 24, Tel./Fax 0 93 71-6 80 99

Sollten Sie Schwierigkeiten haben, eines der Produkte zu bekommen, oder wenn Sie noch Fragen haben, wenden Sie sich bitte an:

> *Zaynab Mirza*
> The Institute of Beauty Culture
> 1st Floor, 118 Churchfield Road
> GB - London W3 6BY
> Tel. 00 44-1 81-9 93 95 26, Fax 00 44-1 81-9 93 97 73

oder

> *The Art of Mehndi*
> PO Box 16796
> GB - London W3 6ZN

Hinweis:
Autoren und Verlag bemühen sich, in diesem Verzeichnis nur Firmen zu nennen, die hinsichtlich der Substanzen und Preise zuverlässig und günstig sind. Trotzdem kann eine Gewährleistung von Autoren und Verlag nicht übernommen werden. Irgendwelche Formen von gesellschaftsrechtlicher Verbindung, Beteiligung und/oder Abhängigkeit zwischen Autoren und Verlag einerseits und den hier aufgeführten Firmen andererseits existieren nicht.

Entdecken Sie die Mystik und Faszination Keltischer Tattoos. Im August 1998 erscheint bei vgs das Buch „Celtic Tattoos".